GRUPOS E
INTERVENÇÃO
EM CONFLITOS

Dados Internacionais de Catalogação na Publicação (CIP)
(Câmara Brasileira do Livro, SP, Brasil)

Nery, Maria da Penha
Grupos e intervenção em conflitos / Maria da Penha Nery. —
São Paulo: Ágora, 2010.

Bibliografia.
ISBN 978-85-7183-064-6

1. Conflito (Psicologia) 2. Grupos sociais 3. Psicodrama 4. Psicoterapia de grupo 5. Psicoterapia social 6. Sociodrama 7. Teoria dos grupos I. Título.

09-13522   CDD-150.198

Índice para catálogo sistemático:
1. Grupos e intervenção em conflitos: Psicologia 150.198

Compre em lugar de fotocopiar.
Cada real que você dá por um livro recompensa seus autores
e os convida a produzir mais sobre o tema;
incentiva seus editores a encomendar, traduzir e publicar
outras obras sobre o assunto;
e paga aos livreiros por estocar e levar até você livros
para a sua informação e o seu entretenimento.
Cada real que você dá pela fotocópia não autorizada de um livro
financia o crime
e ajuda a matar a produção intelectual de seu país.

MARIA DA PENHA NERY

GRUPOS E
INTERVENÇÃO
EM CONFLITOS

GRUPOS E INTERVENÇÃO EM CONFLITOS
Copyright © 2010 by Maria da Penha Nery
Direitos reservados para Summus Editorial

Editora executiva: **Soraia Bini Cury**
Editoras assistentes: **Andressa Bezerra e Bibiana Leme**
Capa: **Daniel Rampazzo/Casa de Ideias**
Diagramação: **Raquel Coelho/Casa de Ideias**
Impressão: **Sumago Gráfica Editorial**

Editora Ágora
Departamento editorial:
Rua Itapicuru, 613 – 7º andar
05006-000 – São Paulo – SP
Fone: (11) 3872-3322
Fax: (11) 3872-7476
http://www.editoraagora.com.br
e-mail: agora@editoraagora.com.br
Atendimento ao consumidor:
Summus Editorial
Fone: (11) 3865-9890
Vendas por atacado:
Fone: (11) 3873-8638
Fax: (11) 3873-7085
e-mail: vendas@summus.com.br
Impresso no Brasil

Aos meus pais, José Francisco Filho e Maria Inês Nery (*in memoriam*), que lideraram uma linda família de dezesseis filhos e me ensinaram, desde pequena, a trabalhar com grupos.

A luta do grito para libertar o poder-fazer do poder-sobre, a luta para libertar o fazer do trabalho alienado, a subjetividade da objetivação.

JOHN HOLLOWAY

(*Mudar o mundo sem tomar o poder.* São Paulo: Boitempo, 2003, p. 60)

Agradeço a todos que me auxiliram neste solitário e povoado ato de escrever, principalmente a Jaqueline Zaina de Oliveira, Auxiliadora Nery, Cristiane Nery, Liana Fortunato Costa, Maria Inês Gandolfo Conceição, Letícia Aquino, Soraia Bini Cury e Sergio Perazzo.

Sumário

Prefácio 11
Introdução 15
1. Teoria dos grupos 19
2. Afetividade grupal e intergrupal 30
3. Processos de identidade – Uma visão socionômica 55
4. Dinâmicas de poder e conflitos grupais 71
5. O coordenador de grupos e sua práxis revolucionária 97
6. Métodos para intervenção em conflitos 106
7. Técnicas socioterapêuticas e a unidade funcional 119
8. O sociodrama: um método de intervenção
   e de pesquisa social 134
9. Análise de sociodrama para produção
   de conhecimento científico 150
10. O sociodrama em uma pesquisa sobre inclusão racial ... 164
11. Sociatria em um órgão público e uma
    intervenção comunitária 193
12. Da inserção do diretor no grupo 219
Referências bibliográficas 235

Prefácio

O nome psicodrama e a sua prática sempre estiveram associados, predominantemente, ao trabalho com grupos, ainda que também tenham sido aplicados no contexto do atendimento individual (aplicação menos conhecida em um plano geral). Surpreendentemente, a produção teórica do psicodrama brasileiro e internacional – embora muito diversificada, calcada sobretudo no trabalho com grupos e voltada para o desenvolvimento e aperfeiçoamento dos conceitos criados por J. L. Moreno – poucas vezes se dirige especificamente para a discussão de aspectos que compõem uma teoria de grupos.

Mais surpreendente ainda tal constatação se torna quando a confrontamos com o fato de Moreno ter se dedicado intensamente, e por muitas décadas, ao estudo de grupos e à sistematização dos fenômenos grupais por ele observados, construindo um arcabouço teórico que nos permitiu olhar a vida grupal como um acontecimento novo, intimamente tecido por movimentos coconscientes e coinconscientes, revestindo o grupo, assim entendido, com um manto criativo e participativo capaz de diferenciá-lo de um simples amontoado de pessoas.

No Brasil, apesar da grande variedade de publicações psicodramáticas, são esporádicos os artigos que tratam especificamente da teoria de grupos, retomando Moreno, e é exemplo isolado o livro *Grupos – A proposta do psicodrama* (organizado por Wilson Castello de Almeida e publicado pela Editora Ágora em 1999).

Essa contradição se deve, talvez, à dificuldade de separar a macrovisão de grupos humanos – de um ponto de vista geral, como uma microssociologia inaugurada por Moreno na construção do que ele mesmo chamou de socionomia, englobando suas ideias que definiram uma sociometria e uma sociodinâmica que serviram para batizar os mais diversos fenômenos grupais – da microvisão de uma vida de pequenos grupos, observável no dia a dia das psicoterapias psicodramáticas grupais dos consultórios dos psicodramatistas. Como encaixar uma coisa na outra?

É justamente nessa encruzilhada que surge este livro oportuno de Maria da Penha Nery, *Grupos e intervenção em conflitos*.

Ser oportuna sem ser oportunista não é novidade para Maria da Penha (Penha, como é conhecida em nosso meio). Seu livro anterior, *Vínculo e afetividade*, já demonstrou o mesmo espírito criativo e inovador quando introduziu entre nós o conceito de lógicas afetivas de conduta, atualmente consagrado no psicodrama brasileiro e que veio facilitar muito a compreensão da transferência sob um ponto de vista psicodramático.

Penha nos guia, neste novo livro, numa viagem através das diversas estações da teoria de grupos, sem nunca abandonar o conceito de grupo como terreno para a cocriação. Vai além do simples cumprimento de um objetivo psicossocial, sempre se perguntando a serviço de quem estamos trabalhando. Marca, assim, uma posição ideológica que privilegia a liberdade de ser e de estar.

Nesse trajeto complexo, articula harmoniosamente as peças de um quebra-cabeça delicado que vai compondo as imagens tanto de uma teoria de papéis aplicada aos grupos quanto dos conceitos de coconsciente e coinconsciente morenianos, da sociodinâmica, das leis sociométricas de Moreno, das redes psicossociais, da função da afetividade grupal e intergrupal, dos processos cotransferenciais, das correntes psicossociológicas, compondo com tudo isso uma radiografia convincente da vida afetiva dos grupos.

Penha nos convida a refletir sobre os processos identitários dos grupos, na inclusão ou exclusão que nos dá a sensação de pertencer ou não pertencer em suas últimas consequências sociométricas de ancoragem grupal ou isolamento.

Ela ainda constrói um painel consistente das dinâmicas grupais de poder, relacionando-as com as leis sociodinâmicas de Moreno, levando em conta as desigualdades sociométricas presentes no grupo. O poder é dissecado em todas as suas instâncias inter-relacionais.

Penha nos remete ao estudo dos conflitos e de suas formas. Coloca diante deles, sob a ótica grupal, o coordenador de grupos e suas funções. Explicita os métodos de intervenção grupal que possam ser utilizados por ele, destacando o psicodrama e o sociodrama – entre outros métodos sociátricos, como teatro espontâneo, jornal vivo, teatro de reprise, teatro de criação etc. – e procura contextualizá-los numa perspectiva teórica.

O sociodrama como método de intervenção e pesquisa social recebe particular atenção: valoriza, e muito, os psicodramatistas brasileiros que contribuíram para sua redefinição e seu aperfeiçoamento. O sociodrama aparece, neste livro, com grande destaque, em razão de sua larga aplicação em várias frentes, sendo parte integrante do arsenal técnico do cotidiano de qualquer psicodramatista, e como instrumento fundamental para a produção do conhecimento científico. Como exemplo, Penha disseca um sociodrama sobre inclusão racial dirigido por ela na Universidade de Brasília (UnB) e um sociodrama realizado num órgão público federal (é possível!). Neles, a teoria se torna viva e clara, à medida que são relatados e comentados com riqueza de detalhes, incluindo as cenas temidas do coordenador de grupos e a sua práxis revolucionária, como ela mesma denomina sua ação e postura.

Enfim, irresumível e intraduzível. Só mesmo o contato direto do leitor com mais este livro utilíssimo e belíssimo de Maria da Penha é capaz de falar por si e de preencher a grande lacuna do psicodrama pós-moreniano, situando o trabalho com grupos numa vertente científica de chão, paredes e teto de uma construção sólida e irremovível.

Sergio Perazzo

Introdução

Ao findar meu livro *Vínculo e afetividade*, em 2003, senti que precisava dar-lhe continuidade, pois ele se centrou na psicoterapia e na teoria dos vínculos. Novos enredos, que apenas semeara em escritos anteriores, começaram a ter vitalidade em minha mente. Resolvi aprofundá-los por meio da ampliação da prática sociátrica e do doutorado na Universidade de Brasília (UnB), onde trabalhei com sociodramas da inclusão racial.

Agora escrevo para todos nós, que vivemos em grupos e os pesquisamos, e para profissionais que trabalham com socioterapia, recursos humanos e educação.

Indubitavelmente, ser terapeuta, pesquisador social, agente de saúde física ou mental, educador, gestor de pessoas ou possuir cargos de liderança e chefia nos traz o grande desafio de contribuir para que sujeitos e grupos consigam fazer a história, emancipar-se e ter dignidade em sua vida social e psíquica. Nesse sentido, alguns objetivos que tanto almejamos em nossos projetos de intervenção grupal – dentre eles melhorar as relações humanas, conviver com as diferenças, diminuir a violência social, promover direitos humanos, desenvolver redes sociais favorecedoras do declínio da desigualdade social, incrementar a justiça social, melhorar a qualidade de vida no ambiente de trabalho, mediar conflitos familiares, contribuir para que sujeitos desenvolvam seu papel de cidadãos – vêm carregados de nossas "boas intenções".

Sabemos que a boa intenção, por si só, não nos ajuda a atingir tais objetivos. Ao contrário, ela pode nos enredar e aos grupos com os quais trabalhamos à alienação social e mental e pode ajudar a manter o *status quo* da sociedade que produz e reproduz o sofrimento humano em várias dimensões. Assim, geramos o que Popkewitz (2001) chama de "efeito de poder". Ou seja, uma intervenção socioterapêutica pode servir para empobrecer os recursos sociais e mentais dos sujeitos que queremos "libertar" das opressões que vivem; ou apenas ser um anestésico para que suportem a dor social.

É preciso ir além dos objetivos de nossos projetos psicossociais e perguntar o porquê e o para quê deles. Estamos trabalhando a serviço do que e de quem? Em que nível está nosso grau de consciência em relação à determinada clientela e às outras que a circundam, numa leitura filosófica e sociológica críticas. É preciso um estudo cauteloso sobre os sujeitos com quem trabalharemos, seu contexto histórico, cultural e social, respeitar o saber local e com eles construir a intervenção socioterapêutica. O autoconhecimento é imprescindível para que nós coordenadores de grupos evitemos empregar nossas ideologias e valores como se fossem ideais para os sujeitos. O treino constante no uso dos métodos sociátricos nos ajuda a liberar a cocriação grupal, no sentido de que os sujeitos se emancipem e encontrem saídas para situações-problemas.

Cinco fatores são fundamentais para o terapeuta social adquirir a competência para lidar com grupos: estudar teorias de grupos, ampliar o conhecimento social e cultural sobre sua clientela e dela se aproximar, coconstruindo a intervenção, buscar o autoconhecimento e treinar constantemente o uso de métodos socioterápicos.

Este livro tem o objetivo de contribuir para profissionais que trabalham com grupos e estudiosos da área, aprofundando os cinco fatores acima citados. No capítulo 1, sintetizei a teoria dos grupos, no enfoque da socionomia, ciência criada por Moreno (1972, 1974). Nos capítulos 2 a 5, aprofundei fenômenos que considero fundamentais para a socioterapia: a afetividade grupal e intergrupal, os processos identitários e as dinâmicas de poder.

Nos capítulos 6 a 9, refleti a respeito do coordenador de grupos e da intervenção terapêutica sobre os conflitos, explanei acerca da excelência do sociodrama como método sociátrico e de pesquisa e apresentei a produção de conhecimentos com métodos de ação. Nos capítulos 10 a 12, demonstrei a prática sociátrica, por exemplo com a pesquisa realizada na UnB sobre afetividade e política de cotas para negros, uma intervenção socioterapêutica em um órgão público e outra em uma comunidade. Finalizei abordando as cenas temidas do coordenador de grupos e sua participação na sociedade do espetáculo.

Nota: em todos os estudos de caso apresentados neste livro, os nomes usados são fictícios.

form
1. Teoria dos grupos

No mundo contemporâneo, os fenômenos grupais são exacerbados, em nível macrossocial, pela da globalização e, em nível microssocial, por meio da luta pelas experiências e identidades comunitárias e locais. Nesse processo, a abstração daquilo que denominamos "eu" tem sua concretude na vida em grupos, que nos impinge processos identitários, conflitos afetivos e exercícios de poder. Assim, as dicotomias indivíduo e coletividade, psique e sociedade são superadas, pois o meu "eu" é composto por vários "eus" ou "outros" dentro de mim e não se estrutura sem os outros com quem convivo e que têm muitos "outros" dentro de si. Este é o pressuposto maior da teoria socionômica: o eu surge por meio do encontro com o outro (Moreno, 1972).

Para sairmos da abstração de "eu" e "outros" internos, Moreno (1974) propõe a teoria dos papéis sociais, pois ela nos ajuda a concretizar processos subjetivos e intersubjetivos e a pesquisá-los. Os papéis sociais existentes numa sociedade e cultura são preexistentes ao "eu", como formas de funcionamento do indivíduo em uma situação. Os papéis sociais estruturam e operacionalizam o "eu", fornecendo-lhe plasticidade e estética em adequação ao papel complementar do outro, ao contexto e ao momento. O comportamento humano é dominado por um leque de papéis, e a cultura se caracteriza por um conjunto imposto de papéis – com grau variado de sucesso – aos seus membros. Se o "papel é uma unidade da cultura" (Moreno, 1984a, p. 29), há uma interação entre ego e papéis, uma integração de elementos sociais, culturais e individuais.

Naffah Neto (1997, p. 197), após uma análise marxista da obra moreniana, busca ampliar o conceito de papéis sociais, conjugando-os aos papéis históricos. Para o autor, os papéis, sociais e os vínculos por eles formados "representam os nós cristalizados de uma rede no interior da qual se camufla o drama coletivo: é partindo deles, pois, que se pode ter acesso à dinâmica microssociológica de todo um processo social".

Em consonância com nossos estudos anteriores, concluímos que a teoria dos papéis é a base da teoria de grupo de Moreno (Nery, 2003). O autor afirma que o grupo é um conjunto de pessoas, articuladas por papéis e por objetivos sociais comuns, no qual os estados (coconsciente e coinconsciente) dos indivíduos formarão padrões e dinâmicas relacionais próprias. A complementação de papéis sociais é um movimento/ação gerador do átomo social

(Moreno, 1972; 1984a), ou seja, do núcleo de todos os indivíduos com quem uma pessoa está sentimentalmente relacionada, com quem vive sua história e pratica os exercícios de poder em todas as dimensões.

No desempenho dos papéis e nos átomos sociais estão as articulações dos mundos internos das pessoas – ou seja, a intersubjetividade, que em Moreno (1983) é concebida como estados coconsciente e coinconsciente. Esses estados são o intercâmbio mental entre indivíduos que promovem dinâmicas e padrões vinculares específicos às relações e aos grupos.

Moreno (1983, p. 65) diz:

> O dilema a ser superado é a antítese natural entre o inconsciente individual (e coletivo) de A e o inconsciente individual (e coletivo) de B. [...] Pessoas que vivem numa íntima simbiose, como mãe e filho [...], desenvolvem ao longo do tempo um conteúdo comum, ou o que poderia ser chamado de coinconsciente.

Coconsciente e coinconsciente são, pois, os conteúdos comuns conscientes e inconscientes (sentimentos, desejos, atitudes, pensamentos etc.) trocados e criados pelas pessoas nos vínculos.

Sobre a socionomia

Os ramos da socionomia, ciência que estuda os grupos (Moreno, 1972; 1974), são a sociodinâmica, a sociometria e a sociatria. Os processos grupais podem ser desvelados por intermédio da sociodinâmica, que estuda os papéis e as funções dos indivíduos nos grupos, e da sociometria, estudo das estruturas grupais e das posições dos indivíduos nas interações grupais, ocasionadas pela distribuição da afetividade. A sociometria é especializada em compreender, por meio de métodos e testes sociométricos, os padrões afetivos que organizam os grupos sociais e as características das correntes psicossociais da população, uma infraestrutura psicossociológica inconsciente.

Segundo Lapassade (2005), Moreno contribuiu para o estudo da microssociologia ao se especializar no estudo dos grupos. A Socionomia é um tipo de microssociologia, pois aponta as contradições grupais resultantes das relações afetivas e de poder, das desigualdades, dos processos dinâmicos e dos padrões comportamentais dos seus componentes. Todo grupo é ambivalente, contraditório e dialético, assim como a estrutura social (Demo, 2000; Levy, 2001).

Essa ciência desenvolve a sociatria, que, por meio de métodos de ação, visa ao tratamento dos diversos tipos de grupos na sociedade – por exemplo, a família, os pacientes de uma clínica, o *staff* de uma escola, os servidores de um órgão público, os membros de uma comunidade, os presidiários de uma penitenciária.

Para Moreno (1974), o grupo é um microcosmo que representa (ou reflete) o macrocosmo da sociedade, pois o entrelaçamento dos conteúdos coinconscientes produz uma interferência e um aprendizado mútuo entre ambas as instâncias. As forças de atração e repulsão compelem as pessoas a se juntar ou se afastar, mediante múltiplos e complexos critérios sociométricos (escolhas entre os indivíduos para realização de uma tarefa ou de pertencimento a grupos e subgrupos). Há vários critérios sociométricos socioculturais, como: vizinhança, amizade, categorias profissionais, ideologias e valores.

Os grupos impõem identidade aos papéis dos indivíduos, produzindo pautas de condutas denominadas por Moreno (1984a) conservas culturais. No entanto, os indivíduos, por meio da liberação da espontaneidade-criatividade, conseguem fluir na existência, num constante processo de vir-a-ser. A espontaneidade ou fator "e" é "uma aptidão plástica de adaptação, mobilidade e flexibilidade do eu" (Moreno, 1984a, p. 144). Para Moreno (1984b), a espontaneidade é um fator genético que catalisa a criatividade e é responsável pela sobrevivência do ser humano, desde seu nascimento, num mundo aberto e em constante mudança.

Moreno (1972, 1974) observou três momentos da evolução do grupo: as fases da horizontalização, da diferenciação horizontal e da diferenciação vertical. Atualmente, os psicodramatistas contemporâneos criticam o termo "fase", pois não se coaduna com a dinâmica do encontro. Didaticamente, usaremos o termo fase, compreendendo porém que são momentos interacionais, períodos breves ou longos, que possuem uma sociodinâmica prevalecente, mas carregada de contradições.

A fase da horizontalização (também chamada de isolamento orgânico ou identidade total) ocorre quando a indiferenciação entre as pessoas predomina. É o momento em que todos os indivíduos estão em identidade, são "iguais". É uma fase amorfa, na qual os membros do grupo criam uma relação em corredor com o líder ou com o coordenador do grupo. Há clima emocional de tensão, temor, insegurança e reações ansiógenas dos membros em relação ao início do encontro. A tarefa principal do líder ou do coordenador é acolher o clima emocional e dar continência para a exposição das pessoas, fazendo-as sentir-se tranquilas e seguras (Knobel, 1996).

A fase de diferenciação horizontal ocorre quando os indivíduos começam a se diferenciar e tomar papéis para o funcionamento do grupo de acordo com seus objetivos. As pessoas se percebem como membros de um grupo e começam a agir de acordo com as propostas comuns. Há o conhecimento recíproco, em que o clima emocional é tenso, há reações relacionadas às diferenças, preconceitos, reações às ansiedades (como precipitações de respostas de uns aos outros). Os membros começam a interagir, porém dependentes do olhar do coordenador. Segundo Knobel (1996), a principal tarefa do coordenador é favorecer a independência entre os membros do grupo e intervir nos bloqueios comunicacionais e emocionais que emperram as propostas do grupo.

A fase da diferenciação vertical ocorre a partir do momento em que a expansividade afetiva e os jogos de poder repercutem em novas constituições grupais, tais como subgrupos, isolados e estrelas sociométricas. Surgem as lideranças, as territorizações, as fronteiras e os conflitos, que podem ocasionar a violência ou o bem-estar coletivo. É a fase de ação e de relações mútuas. Os diversos papéis sociais e latentes começam a ser complementados e são experimentadas novas possibilidades de se perceber, de enfrentar a realidade e de agir.

A principal tarefa do coordenador de grupos é ajudar os isolados a se integrar no grupo ou a dele se desligar, democratizar o exercício do poder, ajudar os membros a lidar com seus conflitos, buscando o trabalho em equipe e o bem-estar coletivo (Knobel, 1996, 2004). Os estágios de difusão de estruturas diferenciadas seguem para uma forma de identidade nova e para uma maior estabilização da estrutura grupal como um todo, em determinado nível de desenvolvimento. Os primeiros estados grupais influenciam as fases posteriores.

Como dissemos, em apenas um encontro de pessoas para uma atividade observa-se o surgimento dessas fases – que podem ocorrer de diversas maneiras, ou seja: mais lenta ou mais rapidamente, com avanços ou com avanços e retrocessos, com persistência de conflitos ou com primazia de resolutividade, com maior ou menor coesão grupal. Em tarefas processuais, os grupos vivem essas fases tanto a cada encontro como ao longo do processo. Por exemplo, em ambientes de trabalho, a cada nova tarefa ou liderança, os indivíduos que trabalham em equipes ou grupos coesos podem retroceder a emoções e conflitos de fases anteriores.

Moreno (1974) detectou alguns tipos de organizações de grupo: a introvertida, em que predominam as escolhas endogrupais para a realização de tarefas; a extrovertida, na qual as escolhas exogrupais para a realização de atividades são em maior número; a isolada, na qual os membros do grupo evitam escolhas; a equilibrada, quando há equilíbrio nas escolhas endo e exogrupais. Um grupo tende a se manter e a se desenvolver quando vive harmonicamente as escolhas endo e exogrupais.

Análise socionômica e tratamento dos grupos

Ao longo deste estudo, observaremos que a análise socionômica dos processos grupais é cada vez mais ampliada, com base no que Moreno (1974) criou. Para o autor, essa análise é possível por meio da tricotomia social. A tricotomia social é o engendramento de realidades distintas e interdependentes que compõem o campo sociométrico. Tais realidades são: a realidade social, a realidade externa e a matriz sociométrica. A realidade externa é a realidade formal dos papéis sociais: grupo dos sem-terra, grupo dos deputados e outros. A matriz sociométrica é a realidade informal em suas estruturas e fluências ocultas e afetivas: afinidades, identificações, escolhas para realizações de projetos dramáticos primários e secundários, jogos de poder que fracionam os grupos (tais como: subgrupos dos que apoiam invasões; subgrupos dos que querem negociar; redes de intrigas; papéis latentes daquele que boicota, do poderoso, do fofoqueiro). Na realidade social está o inconsciente comum grupal (o coinconsciente), gerador das dinâmicas e das padronizações vinculares (por exemplo, grupo combativo, apático, dissimulado). A realidade social é a resultante dos intercâmbios entre a realidade externa e a matriz sociométrica.

[...] a estrutura da matriz sociométrica é mais difícil de ser identificada. Técnicas especiais chamadas sociométricas são necessárias para desenterrá-la: já que a matriz está em mudança contínua, as técnicas têm de ser aplicadas a intervalos regulares de modo a determinar as novas constelações sociais emergentes. A matriz sociométrica consiste em várias constelações; tele, átomo, superátomo, molécula, socioide e pode ser definida como agrupamentos de átomos interligados a outros através de correntes ou redes interpessoais. (Moreno, 1972, p. 73)

Outras configurações dentro da matriz sociométrica são as redes psicossociais e os papéis latentes (funções sociais) que os indivíduos complementam. Em uma instituição, por exemplo, um chefe pode ter a função de amigo dominando suas funções de comando e prejudicar a produção da equipe. A tricotomia social tem importante função operacional na formação da sociedade, pois demonstra a articulação entre os átomos e a formação das novas constelações grupais, geradoras das redes sociais.

As descobertas sociométricas propiciaram a criação de métodos e de técnicas que ajudam indivíduos ou grupos a encontrar posições sociométricas que lhes facilitem explorar potenciais criativos e desenvolver processos interacionais. A sociometria torna-se uma ciência do grupo terapêutico, por meio de métodos sociátricos, como psicoterapia de grupo, psicodrama, sociodrama, *role-playing*, jogos dramáticos e teatro espontâneo.

Esses métodos se caracterizam como métodos de ação, pois propõem uma interação além da fala, por meio de aquecimento grupal que leva o grupo à dramatização de uma situação-problema, no campo imaginário, ou a um confronto sociométrico, com o objetivo de desenvolver a criação coletiva (cocriação) e encontrar novas saídas para o sofrimento grupal.

O desenvolvimento da sociometria ocorreu, principalmente, quando Moreno (1972) realizou uma longa pesquisa em Hudson, nos anos 1950, em uma penitenciária feminina. Nesse local, ao mesmo tempo que pesquisou, o autor fez uma intervenção terapêutica, na qual as detentas reviam várias situações e sentimentos. Algumas situações trabalhadas foram as incongruências do teste sociométrico (as pessoas não se escolhiam mutuamente para realizar alguma atividade), as rejeições, os desajustes, os sentimentos de vingança e os desejos de provar que eram bonitas e desejáveis.

Moreno (1972) usou o método psicodramático ou o sociodramático e, nas dramatizações, as detentas reviveram, por exemplo, em cenas comuns à instituição, o princípio de compensação recíproca: a antiga lei de reciprocidade "olho por olho, dente por dente" ou de "pagar algum mal causado por alguém com a mesma moeda". As participantes perceberam que esse princípio gerava guerras psicológicas e, quando se chegava ao âmago dele, era possível se libertar de desentendimentos e ódios irracionais.

O coordenador de grupos que trabalha com métodos de ação (denominado diretor) tem a importante tarefa de dar voz e vez ao indivíduo que representa o grupo. Esse indivíduo se torna protagonista do grupo (Moreno, 1984a). Ele, ou um personagem que ele representa numa cena dramática, agoniza, clama e luta por mudanças em si e em todos. Nesse momento, as ações não estão aprisionadas na "resistência" ou nas "inter-resistências", nos medos, na insegurança em relação ao novo, ao desconhecido, ao não familiar. As ações se direcionam para a transformação de um *status quo* relacional, grupal, institucional e social. É a voz do drama coletivo representado num drama individual que reconstrói, por exemplo, o caminho dos privilégios de uma elite ou de um sistema patriarcal.

Portanto, a dinâmica grupal é explicitada, na matriz sociométrica, por um protagonista ou por temas protagônicos, que são os conteúdos que emergem, favorecendo a expressão (consciente e inconsciente) de todos os membros do grupo, a explicitação dos conflitos e a busca da cocriação.

No centro da psicoterapia de grupo e da sociatria, está o conceito de encontro (Moreno, 1974). Encontro implica toda existência humana, no aqui e agora, ao significar participar e amar, compreender, conhecer intuitivamente pelo silêncio, pelo movimento ou pela palavra. Também implica as relações hostis e ameaçadoras, o opor-se a alguém, contrariar, brigar. Encontro não é ato racional, não se restringe à observação, é simplesmente existencial.

O encontro abrange o conceito sociométrico de mudança social. Segundo Moreno (1972), a mudança social se efetiva, principalmente, por meio de quatro fatores: 1) o potencial espontâneo criativo do grupo; 2) as partes da matriz sociométrica relevantes da dinâmica do grupo; 3) o sistema de valores e o que se tenta superar ou abandonar; 4) o sistema de valores que pretende trazer à realização. O processo de mudança é, pois, uma construção subjetiva e intersubjetiva, objetivado nos discursos dos indivíduos, nas ações, nas interações e no desenvolvimento grupal. No trabalho com grupo observa-se que o processo de mudança incorpora repetições. Condutas, discursos e emoções que, ao se repetirem, trazem, paradoxalmente, algo novo e surpreendente, por mais que os membros queiram o mesmo (Motta, 1994).

2. Afetividade grupal e intergrupal

Afetividade

Quando falamos de ação, papéis sociais, cultura e personalidade, tentamos buscar algo que enrede todos esses fios num tecido chamado vínculo, grupo e sociedade. Em Moreno (1972; 1974), a afetividade é o que faz a trama dos fios desse tecido, pois é o núcleo gerador das redes sociais. O autor, porém, em toda sua obra não desenvolve tal conceito, embora suas pesquisas e descobertas estejam absorvidas pelo tema. Nossa tarefa é construir, com base em seus estudos e em psicodramatistas contemporâneos, um conceito socionômico de afetividade e de afetividade intergrupal.

Em termos gerais, a afetividade direciona e motiva o ser humano para a formação dos vínculos. Segundo Alencar (1961, p. 225-6):

A própria etimologia da palavra afetividade contempla, em sua raiz, movimento/ação. Nela há o prefixo latino *affectivus* (que exprime desejo), conectado pela vogal i, e o sufixo latino -dade (ação, resultado de ação, qualidade, estado). Por sua vez a palavra *affectivus* é formada pela partícula ad + verbo fácere. A partícula ad assimilada em af- é indicativa de proximidade, intensidade. E o verbo fazer (*fácere*) tem significado de ação de alguém junto a outrem, pela força catalítica da presença constante, do trabalho persistente, alterando a disposição de espírito comovendo-o ou enervando-o.

Essa definição pode contribuir para a construção de uma definição socionômica de afetividade, pois há a aproximação entre afetividade e ação. Os desejos, estados emocionais e sentimentos compõem a afetividade, promovendo diversos níveis de intensidade na interação humana, distanciamentos e proximidades afetivas. Porém, a teoria moreniana abarca inúmeras descobertas e conceitos que tornam complexa a afetividade. Moreno (1972, p. 376) observou que:

> Quaisquer que sejam as forças sociais que compelem os indivíduos e grupos à migração, quando o comportamento deles amadurece para fazer escolhas e tomar decisões, estas assumem a forma de atrações e repulsas, reveladas pelos intercâmbios afetivos.

Essa constatação sempre esteve presente em suas criações, até que foi sistematizada por meio da sociometria. As pesquisas morenianas encontraram uma unidade de ação – a escolha entre os indivíduos para a realização de determinada tarefa ou objetivo – para estudar cientificamente a organização e o desenvolvimento dos grupos sociais. O teste sociométrico utiliza os critérios sociométricos, que são as motivações para os agrupamentos, convivências, realizações de tarefas ou complementação de papéis sociais. As escolhas demonstram afeições espontâneas, sentimentos, atrações, rejeições, indiferenças e afinidades entre os indivíduos e os grupos. O critério dá o *momentum* do grupo sociometricamente definido e é, para a microssociologia, o que as normas e os padrões sociais são para a macrossociologia.

A base afetiva para o desenvolvimento do ser humano e dos grupos é a necessidade de o indivíduo encontrar pessoas para alcançar metas (em qualquer dimensão existencial) e de ser, para essas e outras pessoas, um meio para atingir seus objetivos. Esse problema da interação humana é complexo porque nem sempre as pessoas envolvidas têm sentimentos recíprocos. Segundo Moreno (1974), além do proletariado econômico, tão estudado por Marx, há o proletariado sociométrico. Pessoas e grupos sofrem de uma forma ou outra de miséria, seja psicológica, social, econômica, política, racial ou religiosa. É preciso estudar as pessoas e os grupos cujos sentimentos não encontram reciprocidade, estão isolados, negligenciados, rejeitados e que rejeitam.

Os estudos sociométricos começaram com os agrupamentos resultantes de valores sociais simples, ou seja, de critérios sociométricos (normas microscópicas), presentes em qualquer sociedade humana – por exemplo, viver em proximidade, trabalhar em proximidade, visitas mútuas. Porém, a quantidade de critérios emergidos em uma sociedade é proporcional à sua complexidade.

O teste sociométrico, por exemplo, consiste em solicitar aos indivíduos de um grupo que se escolham para a realização de alguma tarefa ou objetivo numa determinada situação (critério sociométrico). As escolhas serão anotadas em um papel, diante dos termos "escolha positiva, escolha negativa ou escolha indiferente". Um sociograma, conjunto de símbolos resultante do teste, demonstrará objetivamente como estão as relações entre os membros de um grupo.

A menor unidade de sentimentos entre as pessoas

Os testes e as observações sociométricas isolaram o fator "tele" do plano social. As principais definições de Moreno (1984a, p. 135) a respeito de "tele" são:

fator sociogravitacional que opera entre indivíduos, induzindo-os a formar relações de par, triângulos, quadrângulos, polígonos etc. e mais positivas ou negativas, do que por acaso [...] tele é termo derivado do grego e cujo significado é "longe" ou "distante".

Tele é um denominador comum, a mais simples unidade de sentimentos medida de um indivíduo a outro, que mantém a constância de escolhas em padrão grupal. É um fator eminentemente social, uma experiência interpessoal responsável pelo aumento da taxa de interação entre os membros de determinado grupo e que estabelece a posição afetiva do indivíduo no grupo e a coesão grupal.

As atrações, repulsas e indiferenças que oscilam de um indivíduo para outro estão ancoradas em bases sociopsicológicas – não importando os sentimentos e emoções subjacentes, como medo, raiva, simpatia, ou as representações coletivas complexas. O fator tele é "um complexo dos sentimentos [...] uma parte da menor unidade viva da matéria social que podemos compreender, o átomo social" (Moreno, 1972, p. 214).

Quando criou o teatro espontâneo, Moreno observava que havia atores que estavam ligados por vínculo secreto e tinham uma sensibilidade mútua para seus processos recíprocos interiores, havia uma base emocional da intuição, a tal ponto de um gesto ser suficiente para uma ação criativa (Moreno, 1984b). Ao isolar o fator, ele percebeu que era *"Zweifuhlung*, mutualidade, em contraste *Einfuhlung*, unilateralidade, como um telefone, tem dois terminais e facilita uma comunicação nos dois sentidos" (Moreno, 1983, p. 21). "Tele é empatia recíproca" (Moreno, 1972, p. 62).

A empatia e as escolhas unilaterais apenas podem aumentar a compreensão do amor de um para outro, porém não conduzem a resultados terapêuticos. Contudo se a empatia for bilateral, de A para B e vice-versa, surge o fenômeno tele. (Moreno, 1978, p. 715)

A empatia brota do mundo interno do indivíduo, como uma introvisão do mundo interno do outro, e tele vai além desse estado emocional, ao ser responsável pela área entre os indivíduos, conector das empatias. Moreno (1972, p. 217) afirma que "a tele tem, além de aspecto conativo, aspecto cognitivo e que ambos entram nas escolhas e rejeições feitas". E diz que tele opera em todas as dimensões da comunicação e não deve ser reduzida à reflexão. É o "processo emotivo projetado no espaço e no tempo em que podem participar uma, duas ou mais pessoas. É uma experiência de algum fator real na outra pessoa e não uma ficção subjetiva" (Moreno, 1984a, p. 295).

Moreno tentou afirmar uma objetividade, uma percepção "real" do outro, porém na interação humana isso é impossível. Nesse caso, o fator tele opera quando há reciprocidade em algumas dimensões da existência humana ou sensibilidade mútua profunda, que viabilize uma ação conjunta. Esse fator minimamente "objetiva" aos conteúdos sociopsíquicos das pessoas em um vínculo, tornando possível a complementação dos papéis sociais.

À medida que isolava o fator tele, Moreno observava que a espontaneidade contribuía para que tele direcionasse o *self* (eu) do indivíduo para as relações sociais. Nesse sentido, "o fator 'e' encoraja novas combinações mais além do que os genes realmente determinam [...]. O fator tele opera em toda a estrutura social, mas recebe a influência do fator 'e'" (Moreno, 1984a, p. 102).

Martín (1996) evidencia os três pilares da teoria moreniana. Estabelece a espontaneidade, a "substância, a alma da pessoa", como o núcleo antropológico da teoria, no nível do indivíduo; o nível relacional está presente no fator tele (e seus constituintes, como o coinconsciente); o nível pragmático está na teoria dos papéis, que torna o "eu" tangível. Esses parâmetros em suas dinâmicas e inter-relações são a base para a intervenção e leitura socionômicas. Porém, teóricos psicodramatistas atuais estão fazendo revisões na teoria moreniana e inserindo novos pensamentos para suprir suas lacunas. Neste momento, tentamos mostrar as revisões do conceito tele e suas interferências sobre afetividade intergrupal, identidade e relações de poder.

Revisões do conceito "tele"

As contribuições e contradições conceituais sobre "tele" de Moreno levaram às revisões socionômicas do conceito (Aguiar, 1990; Levy, 2000; Lima, 1999; Nery, 2003; Perazzo, 1999). Aguiar (1990, p. 98) afirmou que "quando se tenta descrever o evento tele, o que se tem, no nível meramente fenomênico, é a articulação criativa entre parceiros de um mesmo ato [...]. Nesse sentido, tele é cocriação".

Perazzo (1999, p. 142), complementando a visão de Aguiar, diz que a cocriação é uma "reformulação do sistema de expectativas, enquanto e durante um movimento relacional, esta situação de complementaridade criativa em que se dá um encontro de espontaneidades é o que chamaríamos de tele".

Uma visão mais abrangente do fenômeno tele é concebê-lo como um fator sociopsíquico articulador de todas as áreas psíquicas para o estabelecimento dos vínculos – dentre elas a afetividade, a inteligência, a memória, a percepção, a cognição e a espontaneidade (Nery, 2003). Ao entrelaçar essas áreas, o fator tele direciona o eu dos indivíduos para as complementações de papéis sociais, ora se tornando um *input* para a criação coletiva (cocriação), ora gerando conflitos. Quando promove a cocriação, é possível o bem-estar grupal e a produtividade dentro das escolhas. Nesse sentido, tele produz processos cotransferenciais que favorecem a reciprocidade nas escolhas, a empatia mútua.

Em síntese, no psicodrama entendemos cotransferência como conteúdos que emergem do mundo interno das pessoas, das suas histórias e de seus projetos de vida, produzindo aprendizagens emocionais e de conduta que repercutem no desempenho atual dos papéis sociais (Nery, 2003).

Porém, tele também pode fazer emergir conteúdos da subjetividade que interferirão na produção conjunta, no sentido de perturbar tanto o indivíduo como o grupo e de fazê-los sofrer. Há a produção de efeitos afetivos de interação que desequilibram o campo social, gerando hostilidades recíprocas, incongruências de escolhas, complementações inadequadas de papéis, percepções distorcidas. Nesses casos, ocorrem os processos cotransferenciais bloqueadores da espontaneidade-criatividade dos indivíduos, pois seus mundos internos foram acionados pelo fator tele, produzindo, porém, um sofrimento relacional.

Quando se aprofunda a compreensão dos vínculos e dos grupos, num momento interacional, observa-se que o fator tele também conjuga as dimensões sociais, culturais, políticas e históricas (tanto do indivíduo como do grupo e da sociedade). Essas dimensões formarão os conteúdos coconscientes e coinconscientes do grupo (e dos grupos inter--relacionados). Esses conteúdos fornecem peculiaridade à dinâmica vincular.

Para esclarecer a visão de que tele é uma criatividade conjunta, Aguiar (1990) criou o conceito "projeto dramático", na tentativa de ampliar o termo "critério sociométrico" para a realização de escolhas presentes nas relações humanas. Projetos dramáticos são os critérios de escolhas que abrangem o teste sociométrico, a cena a ser dramatizada em um psicodrama e o objetivo relacional de qualquer vínculo na vida. Com base nesse conceito, Aguiar desenvolve a sociometria dos vínculos cotidianos.

No teste sociométrico, "o projeto dramático é experimentalmente sintetizado na pergunta: para que estamos juntos?" (Aguiar, 1990, p. 149). A congruência mútua, positiva ou negativa, de um critério resultante desse objetivo demonstra a atuação do fator tele. Aguiar (1998, p. 149) aprofunda sua definição de projetos dramáticos como "critérios que orientam não apenas as escolhas sociométricas, mas também a forma como se estruturam as relações interpessoais [...] que se estabelecem em função de objetivos que são comuns porque intercomplementares".

Aguiar ressalta que os projetos dramáticos são as forças de atração e repulsão entre os indivíduos em função da realização coletiva de algum desiderato. E aponta as características do projeto dramático: é coletivo; é dinâmico, pois se define e se modifica de acordo com as circunstâncias da complementação de papéis; a expressão mais completa é a analógica; apenas a parte mais visível dele é objetivável; dificilmente pode ser abarcado racionalmente em todos os níveis; as relações se estruturam referindo-se a ele.

Pouco tempo depois, Perazzo (1999, p. 168) alertaria que o termo "critério sociométrico" deve pertencer apenas ao teste sociométrico e ser preservado para fornecer um corte epistemológico para um estudo de grupos:

> A noção de projeto dramático envolve, é claro, um critério sociométrico de escolha, mas não se superpõe a ele, porque engloba também um caráter vivencial, em que um

certo movimento existencial está presente e em que as escolhas que são feitas podem se configurar até como implícitas [...]. Num projeto dramático algo é construído na relação através de papéis sociais iniciais, jogados completamente desde o início, a explicitação vai se evidenciando na própria ação (movimento) vincular.

Segundo Perazzo, o processo de complementação de papéis sociais expõe o projeto dramático que o fundamenta, porém, subjacente ao projeto manifesto, há um ou vários projetos dramáticos latentes, que estão em estado coinconsciente; isso implica a interferência da subjetividade das pessoas envolvidas no vínculo. Por exemplo, uma paquera correspondida pode conter projetos dramáticos latentes que se complementam por meio do projeto manifesto: ele quer ter a oportunidade de viver em um grupo social mais abastado financeiramente, e ela quer deixar de ser a tia solteira. Contudo, com o aprofundamento da relação, as incongruências nas expectativas podem gerar conflitos, um afastamento ou um namoro cujo projeto dramático seja a conveniência.

O vínculo, portanto, estabelece-se por meio de um projeto dramático manifesto, que pode ser mantido ou desdobrado em vários outros projetos dramáticos manifestos ou latentes. Nessa eventualidade, o vínculo social pode ser transformado em outro, ou várias funções sociais podem ser exercidas dentro dele.

Uma das tarefas do psicodrama é desenvolver a capacidade de atualizar constantemente a percepção e a afetividade da dinâmica sociométrica, por meio da explicitação dos projetos dramáticos presentes nas ações dos indivíduos, pois:

> quanto maior a variação ou agregação de desempenho das diferentes funções sociais em um vínculo, maior possibilidade de desacordo entre estes projetos dramáticos e de geração de incongruências, podendo ocasionar uma mutualidade negativa de escolha quanto ao projeto dramático principal e determinante do vínculo. (Perazzo, 1999, p. 167)

A configuração sociométrica de um vínculo é instável, pois o campo social exige reformulações constantes dos projetos dramáticos manifestos e latentes. O vínculo demanda esforço conjunto para a percepção de coincidências e discrepâncias dos projetos dramáticos e para fazer os confrontos que reconstruam novas mutualidades ou que mantenham as antigas. É necessário que se redirecionem as ações conjuntas, na tentativa de encontrar ou manter o equilíbrio da dinâmica relacional por meio dos papéis sociais e de se evitar ou resolver os conflitos decorrentes das incongruências. Esse processo depende de o fator tele atuar nas relações e da espontaneidade-criatividade dos integrantes que o expandem.

As correntes psicossociológicas

A maior pesquisa sociométrica de Moreno (1972; 1978) foi realizada em uma instituição de detenção de adolescentes em Hudson. Dentre as descobertas do autor, estão as "correntes emocionais, afetivas ou psicológicas" ou os padrões afetivos entre as meninas negras e as brancas. Essas correntes continham atrações e repulsas que influenciavam a organização formal da comunidade, ainda que elas morassem em cabanas separadas. Moreno (1972, p. 288) afirma que "as correntes psicológicas são os sentimentos de determinado grupo em relação ao outro". Essas correntes são produzidas conjuntamente, ou seja, só acontecem a partir das interações entre os indivíduos.

Cada indivíduo contribui para a intrincada corrente socioemocional e um ou dois indivíduos podem direcioná-la ao determinar quais sentimentos serão emergentes. As correntes psicológicas se distinguem em razão de suas causas – dentre elas as sexuais, raciais, sociais, industriais e culturais – e de acordo com o princípio de sua formação: correntes positivas e negativas, espontâneas e contracorrentes, principais e secundárias, iniciais e terminais (Knobel, 2004). As correntes psicossociológicas fluem ordenadamente para o campo social, consolidando os canais culturais: família, escola, fábrica, comunidade etc. A expansividade emocional dos indivíduos cresce com a familiaridade. As restrições ao entrosamento com membros do grupo majoritário influenciam a carga de frustração sobre a expansividade emocional dos membros minoritários, aumentando a intensidade da tensão entre os dois grupos.

A distinção da função social em relação à função psicológica foi importante para a compreensão das interações em Hudson. Ou seja, as adolescentes tinham uma função social e formal, porém, outras funções, desempenhadas em vários níveis de consciência, influenciavam os comportamentos delas. Nesse sentido, Moreno (1972, p. 158) detectou que:

a função social de uma das meninas, por exemplo, pode ser supervisora do dormitório, mas sua função psicológica pode ser a de queridinha da encarregada da cabana, que é rejeitada pelos membros de seu grupo e isolada dele. Essas reações e respostas emocionais entre as meninas do grupo resultam, em situação dinâmica, na sua organização psicológica.

Um mecanismo de defesa social do grupo captado na pesquisa foi o de sobrevivência de impressões sociais e psicológicas que predispõem a atitude do grupo em relação a novatos. Esse fenômeno protege o grupo contra quaisquer inovações radicais que o recém-chegado possa querer impor repentinamente.

Podemos concluir que a afetividade, na teoria moreniana, é a força de atração e de repulsão entre os indivíduos na sociedade, impulsionando-os ativamente a buscar algum equilíbrio bio-psíquico-social e a liberar a espontaneidade-criatividade. Além disso, o iniciador da afetividade é o fator tele (Moreno, 1984a), fator sociopsíquico que articula as áreas psíquicas, os sentimentos e os comportamentos dos indivíduos vividos na relação atual. O fator tele produz os projetos dramáticos que geram a cocriação, a complementação dos papéis sociais, a formação dos grupos, sua manutenção, seus conflitos e seu desfazimento.

Da afetividade grupal e intergrupal

O clima afetivo no desenvolvimento grupal – que se reproduz em um encontro – ocorre como uma curva senoidal (figura 1), na qual há ascendência progressiva das expressões emocionais, da participação e das interações. O ápice da curva é quando ocorre a cocriação (efeito do fator tele), com o desbloqueio do que impede a liberação da espontaneidade para a tarefa grupal. A curva começa a descender, em termos de participação e de afetividade, visando ao aumento da racionalidade e ao afastamento dos membros.

Ao final de cada encontro, o clima afetivo do grupo progride em relação ao início e em relação à história da sua constituição. Esse progresso é devido ao aumento do intercâmbio coconsciente e coinconsciente, que pode incrementar tanto as experiências conflituosas quanto as resolutivas. No processo de união e desunião grupal, cada pessoa se dirige à situação que ofereça à sua personalidade o mais alto grau de expressão de sua espontaneidade e de realização. Nesse sentido, a pessoa procura companheiros com quem possa partilhar esses sentimentos.

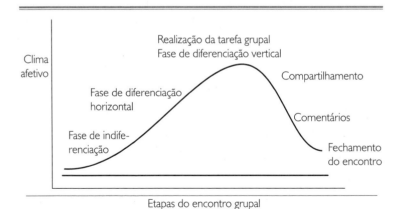

▶ **Figura I** Curva do clima afetivo do encontro grupal

A expansividade emocional é a energia emocional de determinado indivíduo. A expansividade torna-o capaz de manter a afeição de outros indivíduos por dado período de tempo. A expressividade social é a quantidade de indivíduos com quem o sujeito estabelece contato social, não importando se é capaz de mantê-lo ou não. Em seus testes sociométricos, voltados para a inclusão de novos membros em um grupo, Moreno (1972) tenta responder sobre a importância da primeira escolha para uma inclusão adequada, da necessidade de haver mutualidade de escolhas e da espontaneidade centrífuga. O autor afirma que, como na relação amorosa, o amor mútuo cultiva, desde o início do relacionamento, o terreno para a manutenção do vínculo. A escolha mútua, e primeira de um e de outro, cria uma forma de obrigação "axionormativa" de cumprir a palavra e tentar manter a decisão. A melhor posição é a da pessoa que ama, mesmo que não seja correspondida, do que a de alguém a quem todos amam, mas não é capaz de amar.

Todo esse processo de atração e repulsão entre as pessoas gera a hierarquia socionômica, ou seja, uma luta de poder relativa à distribuição de afetos entre os grupos (Moreno, 1978). Nesse sentido, os grupos e seus membros competem sociometricamente para serem os mais atraentes e sobreviverem na dimensão socioafetiva.

Em síntese, na afetividade intergrupal estão as forças de atração e de rejeição que os diferentes grupos sociais (e seus membros) experimentam na vida cotidiana. As imposições socioculturais e psíquicas de sobrevivência fazem que os indivíduos se juntem àqueles que os atraem, para concretizarem projetos dramáticos e, assim, formarem um grupo que tem um inconsciente comum. Esse grupo, mediante processos identitários, se diferencia, atrai ou rejeita outros grupos sociais.

Os grupos vivem um exercício específico de poder caracterizado pela competição sociométrica, uma competição afetiva relacionada a qual grupo é o mais escolhido por membros exogrupais e tem mais capacidade de manter seus membros unidos (Nery, 2003). A tensão ou os conflitos surgem quando um grupo que se situa numa hierarquia socionômica inferior tenta, por meio de diversos tipos de violência, impor-se ao de hierarquia superior ou este tenta, também por meio da violência, manter o *status quo*.

Em pesquisa sobre inclusão racial na Universidade de Brasília (UnB), como detalharemos no capítulo 10, observamos que os grupos criam uma dinâmica afetiva propícia à manutenção do *status quo* da sociedade. Os estudantes não cotistas se fortalecem para manter suas ideologias dominantes, por exemplo, ao se sentir injustiçados com o sistema de cotas para o ingresso de negros na UnB, ser indiferentes aos cotistas, ter descaso em relação às questões raciais e evitar aprofundar-se no tema (Nery, 2008). Enquanto isso, os cotistas se enfraquecem na luta social ao se isolar, evitar se expor e viver um estresse relacionado à cobrança excessiva de excelente desempenho acadêmico para lidar com a discriminação resultante da inclusão racial.

Nesse trabalho, observamos, ainda, a criação de mecanismos afetivos que contribuem para o exercício de poder. Um dos mecanismos observados foi a ambivalência afetiva, por exemplo: "Amo os negros" em contraposição a ideias como "Eles são beneficiados!" ou a ações de ignorar seus argumentos. Além disso, observamos o mecanismo da "antiempatia", ou seja, a indisponibilidade de fazer o exercício imaginário de se colocar no lugar do outro e de ampliar a compreensão histórica de sua realidade social. Então, no campo social, cultural e afetivo, os grupos lutam por direitos, seduzem, criam ideologias e discursam para manter privilégios e conquistar territórios e saberes.

Contribuições da psicossociologia

A psicossociologia, ramo da psicologia social, desenvolvida no início do século XX, focaliza a pesquisa dos pequenos grupos, a vida do indivíduo em seus grupos e, ao mesmo tempo, tenta neles intervir visando à transformação das organizações e da comunidade. Alguns psicossociólogos reconhecem as contribuições de Moreno para essa área da psicologia social. Porém, segundo Levy *et al.* (1994), a psicossociologia é um vasto campo de atuação – que não pode estar segmentado por abordagens lewinianas, rogerianas e morenianas. É preciso haver pluridisciplinaridade nesse campo de pesquisa e a psicanálise também contribui para a reavaliação dos métodos e dos objetivos da psicossociologia.

Para Levy (2001, p. 13), a clínica social é "uma *démarche* específica, simultaneamente de pesquisa e de intervenção, junto a grupos e organizações". O ato clínico é uma "intervenção em uma situação sempre marcada por uma crise do sentido" (Levy, 2001, p. 23). Essa intervenção tem um posicionamento clínico especial do pesquisador, que é a busca da compreensão da singularidade de um problema, ou de um mal-estar vivido por um indivíduo ou por determinados grupos. Esse posicionamento se compõe do imaginário, da intuição, do trabalho inconsciente e das atividades de pensamento e de elaboração de sentido.

Outro enfoque psicossociológico, que articulou contribuições freudianas e lewinianas, foi elaborado por Pichon-Rivière (1988). Ao criar o "grupo operativo", na década de 1940, ele afirmou a presença de conteúdos conscientes e inconscientes na situação grupal. Nesse sentido, as funções principais do coordenador eram: estabelecer um enfoque para a operação do grupo e ajudá-lo, por meio de intervenções interpretativas, a compreender seus processos inconscientes e a realizar uma tarefa reflexiva, a fim de cumprir sua tarefa externa. Portanto, Levy (2001) e Pichon-Rivière (1988) são exemplos de psicossociólogos que contribuíram para o projeto democrático e para a luta contra a "colonização das consciências".

Numa tentativa de avançar os estudos da psicossociologia e impulsionar as microssociologias, Lapassade (2005) é um importante teórico que estuda a vida nos grupos e a intervenção no sentido de sua transformação. O autor reverencia Moreno como um grande estudioso da microssociologia e, com base em suas contribuições, afirma que a intervenção sociométrica nos grupos e nas instituições objetiva a espontaneidade, a criatividade e o conhecimento dos grupos para pesquisá-los e para facilitar-lhes as mudanças.

Para Lapassade (2005), é preciso superar a alienação institucional, pois os atores constroem seu mundo e participam ativamente no jogo da instituição. E afirma: "Nas experimentações microssociológicas, os investigadores devem tornar-se não somente observadores participantes, mas também atores participantes" (2005, p. 29).

Todos esses autores sofreram influências de Lewin (1978), um dos pioneiros no estudo de grupo a propor a inserção do pesquisador no campo de pesquisa – a "action research". Lewin (1978) entendia o grupo humano como um "conjunto" com um "clima psicológico" que determina as condutas individuais. Desde seus estudos sobre dinâmica de grupo, Lewin (1978) buscava compreender o conjunto de fenômenos psicossociais produzidos nos pequenos grupos e as leis que os regem. E procurava uma ação sociopsicológica, com métodos de intervenção sobre as pessoas (em grupo) ou sobre os grupos, buscando uma "mudança" da personalidade ou da sociedade. Esses estudos trouxeram a visão do grupo como um meio para fornecer informações e, sobretudo, para transformar indivíduos.

Nesse movimento de busca de transformações pessoais e sociais, Rogers (1979) foi um humanista que muito incentivou as intervenções em pequenos grupos. Os grupos de encontro se tornaram, nos anos 1970, importantes exemplos de desenvolvimento da psicoterapia coletiva nos Estados Unidos.

Dentre os grandes estudiosos da microssociologia que se aproximam das ideias de Moreno (1972), Goffman (1985, 1988) apresenta a metáfora da ação teatral para explicitar a vida do homem em sociedade. O homem emprega técnicas de desempenho de papéis para se apresentar diante das situações sociais. Nesse processo, ele sofre uma deterioração de identidade ao se impregnar das ideologias dominantes.

Aprofundaremos as contribuições do psicossociólogo Pagés (1976), pois o autor, por meio de seus estudos sobre a afetividade na vida dos grupos, acatou as teorias de independentes (dentre eles Moreno e Rogers) e de terapeutas existenciais (tais como Binswanger, May e Boss), e descreveu fenômenos grupais em nova perspectiva psicanalista. Sua teoria da relação aproxima as linguagens explicativas do econômico e do institucional e integra as dimensões psicológica e coletiva.

A vida afetiva dos grupos

Segundo Pagés (1976), a relação é um fenômeno imediato e primeiro. Ela tem prevalência sobre a história individual e coletiva nas respostas dos indivíduos e grupos. Essa concepção de relação imediata se coaduna com o conceito de tele de Moreno (1984a). A afetividade é o fenômeno fundador e norteador dos grupos, pois é o resultado do compartilhamento e da expressão dos sentimentos trazidos pela relação imediata, presente e intensamente vivida. Porém, esses sentimentos, em grande parte inconscientes, geram defesas individuais ou coletivas. Os sentimentos individuais estão, pois, ligados aos coletivos e são, em grande parte, inconscientes.

Assim como Moreno (1972), Pagés (1976) afirma um inconsciente comum (por ele chamado de coletivo) que se constitui da experiência afetiva da relação e dirige os fenômenos grupais. Os indivíduos e os subgrupos são representantes inconscientes do grupo (tal qual o protagonista no psicodrama); eles expressam um aspecto dos sentimentos coletivos do momento e deles se defendem.

Todas as modalidades de afetos são modalidades da relação, são formas de expressar e recusar – ao mesmo tempo – a relação e o outro como pessoa distinta e autônoma. As respostas à relação estão conectadas com o aqui e agora. As histórias individual e coletiva apenas fornecerão uma linguagem para dar resposta ao presente ou um repertório de defesas relativas à imediaticidade do encontro.

O conceito de relação é heurístico tanto para a psicologia individual como para a sociologia. Nesse sentido, assim como Moreno (1974) concebe as conservas culturais, produzidas por meio da espontaneidade-criatividade presente nas relações humanas, Pagés (1976, p. 305) questiona se "as instituições sociais, longe de estarem na origem dos sentimentos coletivos, não serão a expressão, coisificada, de emoções coletivas inconscientes".

Os membros do grupo desenvolverão linguagens e mecanismos sociais para comunicar e esclarecer o inconsciente coletivo e seus conteúdos socioafetivos, que, em síntese, são: a angústia de separação, de solidão, da morte e do amor possessivo – e, relacionado a eles, de forma dialética e paradoxal, o amor autêntico e a solidariedade. Os participantes criarão sistemas coletivos de defesa, que são um processo de recusa parcial da realidade. A defesa possível contra a angústia é o diálogo, em qualquer nível de linguagem. Resultam desse processo os fenômenos secundários da relação privilegiada, da relação de autoridade, da fragmentação grupal, das organizações, das estruturas e das instituições.

Entendemos que Pagés (1976) traduz os fenômenos sociométricos em fenômenos inteiramente afetivos, o que possibilita ampliar a compreensão do fenômeno tele – em seu aspecto de cocriação – que se direciona para processos cotransferenciais tanto para liberar a espontaneidade-criatividade (para Pagés: o amor autêntico) quanto para bloqueá-la (para Pagés: a angústia da separação e o amor possessivo).

Grupo e fenômenos grupais

Pagés afirma que um conjunto de pessoas forma um grupo ao sentir, de maneira peculiar, um conflito afetivo vivido por um conjunto mais vasto de pessoas do qual faz parte. Segundo o autor, os grupos são:

> fragmentações defensivas de uma relação universal inconsciente entre todos os homens. [...] Os fenômenos de grupo podem ser interpretados como sistemas de defesa coletivos contra a angústia da separação e de solidariedade inconscientes. Assim se explicam as convergências afetivas que se constatam na vida dos grupos. (Pagés, 1976, p. 315-6)

A natureza coletiva dos sentimentos constitui um grupo que se fraciona em subgrupos. Seu estudo, conjugado com os das estruturas de totalidade mais ampla, indica que "o grupo parece assim um lugar privilegiado para estudar as emoções de grupos mais vastos" (Pagés, 1976, p. 311). E, ainda, para Pagés (1976) e Moreno (1972), não há conflito entre as realidades grupo e indivíduo. A descoberta do ego depende da relação com o outro, é concomitante a ela, dela é inseparável e é fundamentada no sentimento de separação. Percebemos uma visão globalizante e com intensas e extensas interconexões entre os elementos do grupo, seus fenômenos e suas próprias fragmentações sociais.

Segundo Pagés (1976), as experiências e os conteúdos afetivos, que são fenômenos primeiros e estão no âmago da formação grupal e da psique, são, em nível superficial, a angústia de separação – que é uma experiência de recusa dos outros e de si mesmo, e de ser recusado pelos outros. Depois, surge a experiência do sentimento de solidão, como condição permanente do homem. Finalmente, a angústia da morte situa-se num nível mais profundo e pertence ao mundo mais defensivo da hostilidade conjugado com o amor possessivo. Em dimensão dialética e paradoxal, há os conteúdos do amor autêntico e da solidariedade. Essas experiências e conteúdos que têm formas conscientes e inconscientes geram os conflitos e as defesas fundamentais das relações humanas.

Angústia é um sofrimento que advém da negação do outro, de si mesmo e do duelo entre o outro e si mesmo; porém, é o sentimento da sensibilidade, da experiência de abertura para os outros e para si. Pagés (1976) afirma que quando se aceita a angústia, aprende-se a viver no paradoxo entre esta e o amor autêntico e resolve-se o conflito individual que opunha os termos.

O amor autêntico é o que promove a autonomia dos indivíduos e o seu pressentimento está na solidariedade que se constata nos grupos. A relação autêntica é igualitária, contribuindo para a relação de autoridade relativa, e mantém uma hierarquia sutil entre as pessoas, dentro do contexto do poder formal, resultante das atribuições de funções; porém, é vivida de forma angustiante, pois se atrela à separação entre os seres humanos.

O amor possessivo baseia-se no desejo de fusão romântica de almas, de união mística, ou ainda na posse mútua dos corpos. Um caráter do amor possessivo é a instituição de uma relação privilegiada entre o amante e o ser amado, entre aquele que odeia e o que é odiado. É uma relação fechada, que supõe uma hierarquia precisa. A hostilidade compõe o amor possessivo e pertence ao domínio de uma diferença radical, de uma alteridade tomada como absoluta com outro ou consigo – no caso de a hostilidade ser contra si próprio.

A relação privilegiada é uma reação de defesa, com a recusa do amor autêntico e da angústia da separação. As figuras de autoridade são pessoas ou objetos colocados sobre uma escala hierárquica. Pagés (1976, p. 389), então, argumenta:

> O racismo e a personalidade autoritária mergulham suas raízes no fenômeno humano universal, que é a relação privilegiada. [...] A atitude da criança que se identifica com os pais é do mesmo tipo que as atitudes racistas. Só se pode esperar atenuar o racismo, e atitudes similares, por um trabalho lento e de profundidade de desalienação e de desidentificação, que dissolva progressivamente a relação privilegiada em todas as esferas da vida social.

A relação de autoridade é o centro do sistema coletivo de defesa inconsciente e consiste numa estrutura especial de papéis sociais e de sentimentos. Os conflitos interpessoais, intergrupais e as relações de poder são meios de defesa coletivos, em plano inconsciente, contra o conflito intrapessoal (medo da morte e da destruição) compartilhado por todos os membros do grupo. Os medos, por sua vez, escondem a recusa da separação e do amor, implicado o sentimento de separação. Integrando essas concepções com as socionômicas, deduzimos que esses conflitos ocorrem na matriz sociométrica e se articulam com a realidade externa, resultando na realidade social.

Pagés (1976) nos ajuda a decifrar um pouco mais o papel da afetividade na vida dos grupos. O grupo é a sede dos fenômenos de relações. O grupo se fragmentará em grupos parciais, para viver uma união solidária defensiva, por meio de um amor possessivo, fechado, gerido por uma relação privilegiada que comporta uma autoridade absoluta. O grupo parcial suportará a angústia de separação também ao segregar e hostilizar outros grupos. O grupo hostilizado está na posição do outro que ameniza a angústia da separação, exteriorizada. Porém, a atenção devotada a esse grupo esconde um amor inconsciente, que busca compaixão e solidariedade. Moreno (1972) também aponta a inevitável fragmentação de qualquer grupo, originada pela distribuição dos afetos e pelas correntes psicológicas no campo sociométrico.

Essas teorias visam trazer para a psicologia – e para as ciências humanas e sociais – uma leitura sobre relações e grupos, sem a pretensão de abarcar todos os fenômenos que a elas pertencem.

3. Processos de identidade – Uma visão socionômica

Tentaremos ampliar a compreensão de como a afetividade compõe os processos identitários, tornando o desempenho dos papéis uma grande interligação entre o subjetivo e o intersubjetivo. Para essa tarefa, partiremos de um conceito moreniano importante: a matriz de identidade (Moreno,1984a). Esse conceito abriu margens para diversas interpretações sobre sua concepção. Tomaremos a compreensão de que ela é o *locus* sociocultural em que a criança recebe e aprende os papéis sociais. Nesse sentido, o bebê atua em papéis, muito antes de saber quem ele é, pertence a grupos, tem identidades e vive sua cultura. A figura 2 (veja p. 56) nos ajuda a compreender esse processo.

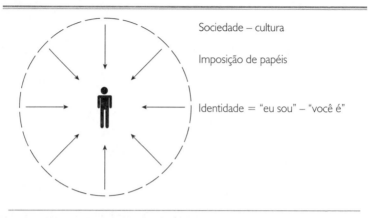

▶ **Figura 2** Matriz de identidade – parte 1

Esse é o momento de total identidade, no qual a criança (pessoa) é "um" com seu mundo sociocultural. É o instante em que, para sobreviver física ou psicologicamente, o mais vulnerável vive as imposições de papéis. Daqui surge a identidade primária, relacionada, por exemplo, à nacionalidade, ao gênero ou à orientação sexual. Ela nos faz dizer: "Eu *sou* brasileiro", "Eu *sou* gaúcha", "Você *é* homem", "Eu *sou* homossexual". Todos nós, ao vivermos os processos identitários, repetimos a experiência de "sermos" o que a sociedade nos impõe ou de "sermos um" com o outro. Por exemplo, em átimos de segundo, num país estrangeiro, ao encontrar um compatriota, em apenas um sinal de características mútuas nós experimentamos a identidade total: "somos" brasileiros! Ou, num campo de futebol, os flamenguistas, no fogo ardente da paixão por seu time, sentem-se apenas "um" na torcida, assim como qualquer outro torcedor adversário precisa ser "um" com seu colega, para aguentar tanta vermelhidão.

Segundo Moreno (1974), os papéis sociais carregam os elementos coletivos que se tornam a identidade do papel e os elementos individuais que possibilitarão o processo secundário de identificação do papel. Tanto a operação psicossocial de identidade total como a operação da diferenciação são vividas a cada encontro grupal. Nesse sentido, afirma:

A identidade deveria ser considerada à parte do processo de identificação. Desenvolve-se antes deste último na criança pequena e atua em todas as relações intergrupais da sociedade adulta. Para a criança pequena, "eu" e "meio imediato" são a mesma coisa; não existe, para ela, uma relação eu-outro. [...] No nível adulto, para os não negros, por exemplo, todos os negros são considerados idênticos: o negro. [...] Os negros consideram-se a si mesmos um coletivo singular: o negro, uma condição que submerge todas as diferenças individuais. (Moreno, 1984a, p. 442)

Esses coletivos simbólicos são inanimados e exercem grande poder e influência sobre a imaginação humana (Moreno, 1984a). Eis, portanto, a identidade do papel, que carrega pautas de condutas "impostas" cultural e socialmente.

Porém, o processo de aprendizagem dos papéis sociais é contínuo e o "eu sou" se reconstrói criativamente e amplia as aquisições de identidades secundárias – relacionadas, por exemplo, à doutrina religiosa, ao clube social, à profissão: "Eu sou judia", "Eu sou do Rotary", "Eu sou médica". Nessa experiência, as afinidades mútuas podem ser expandidas para diversos grupos, incrementando as trocas psíquicas presentes nos estados coconsciente e coinconsciente. A partir daí, as pessoas se envolvem nas aventuras sociométricas da rejeição, do isolamento, da aceitação e experimentam várias consequências, tais como compartilhar, formar subgrupos ou se afastar do grupo. É o processo de identificação de papéis.

As pessoas pertencem a determinados grupos: o do atleta, o do drogadito, o do judeu. Elas vivem suas identidades nestes grupos, ou seja, têm uma unidade [...]. Quando especificamos outras características sociais, o grupo se subdivide e se diferencia em relação a si mesmo e em relação a outros grupos, renovando sua identidade conforme suas ideologias, culturas ou instituições, tais como: o atleta brasileiro, o atleta americano, o drogadito da escola A, o drogadito da escola B. De acordo com o projeto dramático, os grupos podem se unir ou se desunir e, a partir daí, os estados coconsciente e coinconsciente promoverão as identificações de papéis. Assim, por exemplo, visando ao reconhecimento do atletismo no mundo, os atletas se unem para fortalecer a classe; visando a uma competição entre os atletas de vários países, eles formarão os grupos de acordo com suas nacionalidades. Nesta competição, um cidadão se identificará com o atleta de seu país [...]. (Nery, 2003, p. 34-5)

O processo de identificações de papéis pode ser ilustrado pela figura 3.

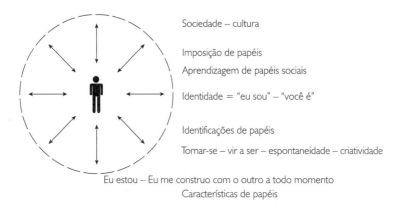

▶ **Figura 3**   Matriz de identidade – parte 2

Ao conceber o indivíduo como ser espontâneo-criativo, Moreno (1972) nos afirma que este é um ser genial, que tem poder de se transformar e transformar o meio sociocultural. É um ser em devir, em constante vir-a-ser e tornar-se. Trata-se do processo de diferenciação eu-outro, que nos faz recriar a nós mesmos a cada momento.

Assim, nos construímos e aprendemos com nossas relações, tendo identidades, nos identificando, nos diferenciando; e, ao mesmo tempo, nos reconstruímos. O "eu sou" é fluido e incorpora o "eu me torno". Aqui eu vou viver meu "ser mineira" ou "ser católica", com minhas características de papéis – que dão liberdade ao desempenho dessa identidade de papel (Nery, 2003). A pessoalidade é que dá o ar para respirarmos em relação às imposições socioculturais. Porém, muitas vezes as características de papéis podem nos aprisionar e causar mais sofrimentos para nós e para os que convivem conosco. Por exemplo, um membro de diretoria "inseguro" pode prejudicar seu grupo quando precisa ser mais arrojado em um projeto a ser conquistado pela instituição, ou ainda:

> [...] cada atleta brasileiro tem seu jeito próprio de ser um atleta brasileiro, com as características que lhe são peculiares, como, por exemplo, o atleta arrojado, o forte, o bem--humorado ou o tímido. As características dos papéis, à medida que vão sendo experienciadas nos vínculos, vão diversificando as identidades grupais e ampliando os processos de identificação dos papéis [...]. (Nery, 2003, p. 35)

O processo identitário nos mostra que a identidade faz parte de nossa formação pessoal e social. Ela nos faz pertencer a grupos, nos faz usufruir de nossas culturas e traz sentido para nossa existência . A identidade é como um relevo num terreno, que me faz ver o outro como ele é e que faz que ele me veja como eu sou. Porém, se eu aumento esse relevo e o torno mais alto do que minha espontaneidade--criatividade, passo a usar a identidade como arma para gerar violências e se tornar requisito de poder.

Observamos que o dinamismo e as contradições pertencentes à sociodinâmica da matriz de identidade não admitem fases estanques de desenvolvimento humano, mas dinâmicas vinculares dentro de contextos e momentos. A identidade é, pois, um coletivo simbólico que tem poder sobre a imaginação humana. O indivíduo e o grupo ao qual pertence vivem a contradição de terem características permanentes (que lhes dão uma identidade) e a capacidade de se transformarem (num fluente vir-a-ser espontâneo e criativo).

Assim, a identidade se constitui do sentimento de pertença, dos laços afetivos entre as pessoas e das identificações que elas sentem em relação a diversas características que geram articulações políticas. Essas articulações ganham força quando pressionadas pelas identificações que têm sobrecarga de sentido ou de valor em relação às características usadas para estabelecer as diferenças nas relações intergrupais (Galinkin, 2003).

Assim, iniciamos uma viagem pela "alma" do protagonista, a fim de diferenciar os diversos "eus" – que o fazem dizer, por exemplo, conteúdos relacionados a processos identitários: "Eu *sou* um lixo", "Eu *não vou* ser feliz". Tais conteúdos podem ser transpostos em seus "outros internos", que se tornam personagens que lhe dizem: "Você é um lixo", "Você não vai ser feliz" e o fazem construir lógicas afetivas de conduta para obter algum alimento psíquico – por exemplo, "preciso ser obediente para ter atenção" ou "se ficar quieto, não me rejeitarão" (Nery, 2003).

O protagonista clama por livrar-se do sofrimento, da opressão e da alienação e tornar-se sujeito da própria história. O drama individual, então, conecta-se com o coletivo, promovendo uma catarse de integração, na qual todos refazem caminhos psíquicos e interacionais por meio da identificação com ele.

Quando trabalhamos com sociodrama, estamos diretamente no campo das relações entre os membros do grupo – as relações intergrupais. O que nos faz focalizar, por exemplo, os papéis sociais, como eles são desempenhados, os objetivos do grupo e as situações-problemas ou temidas. A tarefa do coordenador é encontrar os focos comunicacionais, atitudinais, afetivos ou comportamentais que bloqueiam a criação conjunta (cocriação) e promovem, por exemplo, competições destrutivas ou conflitos intensos (Nery e Costa, 2008). O protagonista nos guiará para a libertação daquele grupo ou pessoa que está oprimida, para a participação política, revisões de ideologias e promoção do diálogo empático. Os processos identitários deverão ser flexibilizados para que uma nova forma de se relacionar emerja no sentido do crescimento conjunto adequado ao grupo ou ao contato intergrupal.

Para ilustrar, vamos dar um exemplo de psicodrama público e outro de sociodrama. No psicodrama público, ocorrido em uma escola de Brasília em outubro de 2006, na cena escolhida pelo grupo, a protagonista, que é professora, sente muita ansiedade e desejo intenso de ajudar uma aluna que se considera inferior e incompetente. Porém, a professora se percebe insegura e paralisada. Iniciamos uma pesquisa intrapsíquica, pedindo que ela focalize os sentimentos de ansiedade, a insegurança e o estado de paralisação de seu corpo. Ela responde que a ansiedade está no coração acelerado, a insegurança nas mãos agitadas e a paralisação nas pernas que doem. Destacamos cada um dos sentimentos e respectivas partes do corpo, chamando-os de personagens (são propostas psicodramáticas que visam a dar cada vez mais concretude ao relato, para propiciar a revivência com um aquecimento adequado da protagonista e do grupo). Os membros do grupo são escolhidos pela protagonista para desempenhá-los. Ela dá um *script* para cada um dos personagens (o que eles devem dizer e fazer com ela).

Por meio da interação dramática e do uso de técnicas ativas, perguntamos à protagonista quem já disse ou fez coisas parecidas ao que os personagens estavam fazendo naquele momento (são propostas que buscam tornar os processos de identidade visíveis por meio das experiências relacionais vividas pela protagonista). Surgem pessoas importantes de sua vida que a deixam insegura, paralisada e ansiosa. Ela passa a interagir com esses personagens-pessoas de sua vida, na experiência da realidade suplementar, expressando o que desejava expressar e fazer – o que ficou reprimido –, até conseguir se sentir mais livre desses bloqueios à sua criatividade (nesse momento, tentamos ajudar a protagonista e o grupo a viver a cena reparatória). A protagonista consegue afastar os sentimentos angustiantes e pedimos para que no lugar deles ela coloque um novo sentimento. Ela diz que quer a liberdade. Surge o personagem "liberdade", que lhe dá muita força – e ela também identifica nesse personagem um professor que um dia a ajudou a superar a sensação de ser incapaz de aprender e de ser uma profissional.

Ao voltarmos para a cena inicial, ela consegue expressar para a aluna o desejo de ajudá-la, porém com respeito ao seu ritmo e com a garantia de que a aceita como ela é (essa oportunidade de reviver a cena inicial é uma tentativa de consolidação do aprendizado psicodramático).

O grupo compartilhou o quanto se sentiu próximo da protagonista em seus sentimentos, desejos, busca de liberdade. E o tema do encontro foi como nossa dificuldade se cruza com a dificuldade do outro, paralisando-nos, e como é importante tentar ajudar o outro, porém respeitando-o. Esse entrecruzamento de cenas e de conteúdos psicológicos entre os membros do grupo é o que chamamos "cotransferência", que pode tanto dar origem à cocriação quanto bloqueá-la.

Para exemplificar um sociodrama, descreveremos o que realizamos em sala de aula de psicologia na UnB, em março de 2008, sobre corrupção no Brasil.

Para o aquecimento inicial, coletamos ideias e sentimentos dos alunos sobre o tema e distribuímos para subgrupos recortes da mídia sobre corrupção. Eles discutiram os recortes. Pedimos um momento de introspecção e, logo em seguida, que expressassem sentimentos. Pedimos que os participantes expusessem nos subgrupos situações que viveram ou sofreram relacionadas à corrupção. Após a discussão inicial, cada subgrupo elegeu uma cena – na qual foram dramatizadas tais situações.

A primeira cena foi a do desvio de verba, destinada à Fundação Nacional de Saúde (Funasa), por assessores da UnB. Dois personagens trocavam cheques e estavam felizes dizendo como pretendiam usá-los. Era a verba que seria destinada aos cuidados médicos de índios. Em outro canto, estavam personagens "índios" expressando que estavam com fome, doentes e morrendo. Interagimos com eles e nos disseram que se sentiam impotentes diante do que viviam. Sabiam que deveria ter vindo uma verba, mas esta nunca chegara à tribo. Depois disso, introduzimos o personagem "Ministério Público" que ameaçou denunciar os corruptos. Os dois personagens se justificaram, negando a corrupção.

Pedimos a entrada de novo personagem, a "sociedade" – que chegou descrente do Ministério Público, levantando a hipótese de que este também seria corruptível e de que não seria eficiente em seu propósito de resolver aquele problema. Encerramos a dramatização da cena nesse momento (fizemos a hipótese de que seria importante deixar o grupo vivendo a ansiedade dessa cena para enfrentar as outras que viriam).

A segunda cena foi uma imagem (cena parada) de pessoas em fila indiana, com algumas notas de dinheiro saindo pelo bolso. Cada um que via o dinheiro caindo do bolso do outro apresentava, com uma expressão corporal, um comportamento diferente.

Então, pedimos às duplas de egos treinados e à plateia que se imaginassem no lugar dos que estavam vendo o dinheiro. Disseram, por exemplo: "Hum... cinquentinha dando sopa! Que legal!", "Ah! Se tem cinco reais caindo do bolso é porque deve ter muito mais, não vai fazer falta!", "Ah! Ninguém vai notar!", "Achado não é roubado!" Pedimos para a plateia conversar com os personagens que surgiram: o malandro, o que quer se dar bem, o honesto e o que se faz de distraído ou alienado. Cada personagem expressou sentir-se mal, pois estava pegando o dinheiro do outro – mas sabia que o outro também estava pegando o deles.

Questionamos como seria o oposto daquela situação e pedimos ao grupo que elaborasse outra imagem (tentativa da cena reparatória). A nova imagem foi representada pela devolução do dinheiro por cada um dos personagens, que aconselharam uns aos outros cuidar melhor dos bolsos.

A terceira cena também foi relacionada ao desvio de verbas destinadas à Funasa para bancar a viagem de uma comitiva da UnB à Ásia. Havia três personagens "funcionários da UnB", dentro de um avião, discutindo o que comprariam com aquele dinheiro, ressaltando que gastariam com objetos de valor exorbitante e de uso desnecessário. Ao lado, uma roda composta de quatro índios aparentando estar doentes e famintos.

Pedimos que, à medida que se sentissem aquecidos, cada personagem expressasse o que estava pensando ou sentindo. Os índios, de forma geral, diziam sentir-se desamparados e impotentes, e os funcionários da UnB se diziam merecedores daquela viagem por trabalharem muito e que aquele dinheiro não faria falta a ninguém.

Depois disso, pedimos novamente a entrada do personagem "Ministério Público" com o intuito de denunciar aquela situação (esses personagens eram desempenhados por egos treinados ou por algum membro da plateia). Posteriormente, a entrada de um agente social que tentaria resolver o problema. Então, esse personagem foi à tribo indígena, verificou o que estava acontecendo e ameaçou chamar a imprensa. Surge o personagem "imprensa".

Assim, agente social e imprensa estavam juntos na denúncia sobre o desvio de verbas destinadas aos cuidados médicos dos índios. O agente social questionou o sensacionalismo da imprensa em alguns momentos, tentando proteger a integridade moral da tribo.

Em seguida, solicitamos mais uma vez a entrada da "sociedade" – que veio descrente com o desenrolar daquelas denúncias, alegando que isso não resolveria nada, que iriam denunciar, fazer sensacionalismo e, em alguns dias, os índios estariam morrendo de novo.

Espontaneamente, entraram em cena personagens "manifestantes" contra a situação. A sociedade acomodada e a sociedade manifestante começaram a dialogar, uma tentando convencer a outra de sua opinião.

Pedimos que todos pensassem num desfecho para a cena e, também, à medida que a plateia se sentisse à vontade, que entrassem em algum papel com o intuito de resolver aquilo (nesse momento, tentamos produzir a cena reparatória do sociodrama). Assim, agente social, índios, sociedade acomodada e sociedade manifestante começaram a protestar contra aquela situação. Imediatamente, três membros da plateia se levantaram e, fazendo o papel de policiais, prenderam os três funcionários da UnB, obrigando-os a devolver toda a verba aos índios. A cena terminou com o agente social auxiliando os índios a aproveitar adequadamente aquela verba.

Na fase de compartilhamento, a maioria das pessoas relatou um sentimento de frustração, por perceberem quão moroso é o processo de condenação nos casos de corrupção e como as pessoas com menos poder sofrem com essa realidade. Mesmo com o desfecho positivo do sociodrama, a maioria dos participantes disse saber que isso não condizia com a realidade de nossa sociedade.

Sentimentos de angústia e impotência também foram relatados. Alguns dos participantes que fizeram o papel de corruptos disseram sentir prazer em estar na situação de curtir a vida com um dinheiro que não era deles e disseram que a tentação de usufruir desse prazer, a facilidade da corrupção e a impunidade no País são grandes armadilhas contra o povo. Enfatizaram a importância de voltarmos a ter líderes políticos ou nos politizarmos mais, de nos organizarmos socialmente para reivindicar direitos. Chamaram atenção para a necessidade da transparência na gestão da coisa pública, que é tratada com descaso e como se fosse particular.

Esse sociodrama refletiu os processos identitários de determinados grupos e suas necessidades de empoderamento para sair da opressão ou contribuir para que se resolvam as injustiças sociais. As identidades na intervenção social encontraram espaço para exprimir-se e confrontar-se. A realidade social (desvelar do coinconsciente no sociodrama) revelou que os grupos buscaram aliados e entraram na corrente emocional e de poder. Tentamos – na coordenação do grupo – contribuir para que o oprimido encontrasse caminhos para sua emancipação ou para buscar recursos a fim de minimizar a injustiça social (por exemplo, por meio da reafirmação de identidade ou de direitos).

No método sociodramático, trabalham-se as relações grupais, a comunicação, as correntes afetivas e os exercícios de poder, visando ao resgate da cocriação. Não se faz uma pesquisa intrapsíquica de um indivíduo para desvendar processos identitários pessoais (método psicodramático), mas focaliza-se o transtorno ou o sofrimento grupal.

A identidade e a identificação dos papéis produzem a representatividade de um indivíduo sobre seu grupo de pertencimento. Na sessão sociátrica (na qual são usados métodos de ação), o indivíduo que assume um papel social no palco retrata todos que vivem um papel similar em sua comunidade. Portanto, os indivíduos trazem consigo conflitos coletivos em *status nascendi* e não estão diferenciados em categorias: espectador e ator. Mas é importante lembrar que, no desempenho de seus papéis sociodramáticos, os indivíduos usam a memória pessoal e coletiva, trazendo mais um importante aspecto da identidade.

Segundo Pollak (1992, p. 5), "a memória é um sentimento constituinte do sentimento de identidade individual e coletiva, na medida em que é fator de determinação de coerência e de continuidade da pessoa ou do grupo em sua reconstrução de si".

Para o autor, a identidade pessoal, num sentido superficial, é a imagem da pessoa de si, para si e para os outros. Na construção dessa identidade, há três elementos: o sentimento de fronteira corporal, a unidade física; o sentimento de fronteiras no que diz respeito aos pertencimentos grupais que trazem sentimento de continuidade no tempo, em termos psicológicos; o sentimento de coerência, no sentido de que todas as dimensões que compõem o indivíduo são unificadas.

Complementando nossa intersecção entre afetividade e identidade social e entre indivíduo e grupo, a Teoria da Identidade Social, elaborada por Tajfel e Turner (1986), afirma, de maneira similar a Moreno (1972), que a afetividade está no pressuposto de que a motivação dos indivíduos é alcançar uma "identidade social" positiva e distinta.

Para Turner, os três conceitos principais da teoria da identidade social são:

1 – Identidade social é "a parte do autoconceito de um indivíduo que deriva de seu conhecimento de ser pertencente a um grupo social (ou grupos) junto com o valor e com o significado emocional ligado a

esse pertencimento" (Taylor e Moghaddam, 1994, p. 61). Junto com esse entendimento há o fenômeno da (des)identificação, por meio do qual os sujeitos definem sua participação no grupo – de tal modo que não corresponde à realidade material da situação do grupo – com o objetivo de ser parte de um outro grupo de alto *status* social. O indivíduo tentará estratégias comportamentais quando perceber que sua identidade é inadequada.

2 – Comparação social, segundo Festinger (1954), é um processo por meio do qual o indivíduo obtém acesso ao *status*, ao valor e à posição social de seu grupo. Esse processo o ajuda a se sentir pertencendo ao grupo.

3 – Distinção psicológica do grupo: os membros desejam alcançar uma identidade para o seu grupo que é distinta e positiva em comparação à de outros grupos.

As mudanças são desejadas pelos indivíduos cuja participação no grupo lhes provê uma identidade social inadequada, ou seja, negativa ou que não é tão positiva quanto aquela que os satisfaria.

4. Dinâmicas de poder e conflitos grupais

No trabalho com grupos e diversidades socioculturais, precisamos observar como os processos de identidade fundamentam os exercícios de poder. No momento em os membros dos grupos estão com papéis mais definidos ou os aspectos das relações intergrupais estão mais claros, o grupo compete e exercita o poder. Trata-se, como vimos, da fase da diferenciação vertical – em que os membros se percebem e interagem em suas identidades e aprendem com essa experiência (Moreno, 1972).

Pettigrew (1998) também apresenta etapas para a experiência intergrupal semelhantes às de Moreno: a descategorização, a categorização saliente e a recategorização. Segundo o autor, após o estágio inicial do contato intergrupal, em que se procura descategorizar os indivíduos para diminuir a ameaça e a ansiedade do contato, a pertinência grupal deve ser salientada e as diferenças culturais e de identidade devem ser expostas. A categorização saliente é necessária para que se atinja a recategorização, ou seja, para que os participantes se identifiquem uns com os outros. Nessa etapa, geralmente atingida em parte, há o aumento das similaridades intergrupais e são obscurecidos os limites do "nós" e do "eles".

A maior inovação de Moreno (1972) é a junção entre afetividade e exercício de poder nos grupos. O autor, após estudar as interações na penitenciária de Hudson, concluiu que existe uma competição especial entre pessoas e grupos, produzida por correntes afetivas, que resulta numa hierarquia socionômica – a qual é a diferença na capacidade de atração entre grupos e tem sido um grande obstáculo ou estímulo no desejo pelo poder. Nesse sentido, os indivíduos e grupos menos atraentes lutam, por meio da força ou de artifícios, para conquistar o que não lhes é proporcionado por atração e habilidades espontâneas. Por exemplo, nas atividades educacionais e sociais da comunidade de Hudson, brancas e negras integravam-se livremente, embora morassem separadas. Porém, Moreno (1978, p. 721) descobriu o ponto de saturação racial para a organização social:

> é o ponto de absorção máxima de uma população, com poder, em relação ao grupo minoritário [...]. Se ocorrer entrada de número excessivo de membros desse último grupo na comunidade, vindos de fora, de modo a ultrapassar esse ponto, o frágil equilíbrio começa a fragmentar-se.

Em sua época, afirmou que se devia determinar, com conhecimento científico, por exemplo, o ponto de saturação do grupo germânico, majoritário, em relação ao grupo judeu, minoritário, para que a população, nessa área geográfica crítica, pudesse se organizar. O ponto de saturação depende, porém, da estrutura de cada grupo e do tipo das suas interações.

Ao aprofundar a questão da competição afetiva, Moreno traduziu seus achados em "leis" de funcionamento grupal. Uma lei trata do efeito sociodinâmico, o qual revela que a distribuição das escolhas sociométricas é positivamente inclinada. Esse efeito é composto de: a) alguns indivíduos de determinado grupo são persistentemente excluídos de comunicação e de contato social produtivo; b) alguns indivíduos são constantemente negligenciados muito aquém de suas aspirações, e outros muito favorecidos de modo desproporcional às suas demandas; c) surgem conflitos e tensões nos grupos à medida que o efeito sociodinâmico aumenta, ou seja, com a crescente polaridade entre os favorecidos e os negligenciados.

Os indivíduos e grupos que têm baixo *status* sociométrico sofrem maiores injustiças ou calúnias dos membros poderosos e dos grupos fechados. As possibilidades de sucesso, as satisfações profissionais, psicológicas e econômicas, os acidentes de trabalho e as desuniões dependem do *status* sociométrico de um indivíduo ou de um grupo.
Segundo Moreno (1972, p. 86):

os privilegiados nos sociogramas tendem a permanecer privilegiados e isso tanto mais quanto maior for o número de contatos sociais. Esse efeito sociodinâmico vale também para os grupos. Ele ocorre em todas as classes econômicas e grupos culturais e ocasiona novos tipos e graus de "pobreza" e "riqueza" – pobreza e riqueza emocionais.

As desigualdades sociométricas existentes em nossa sociedade são de grande importância para as situações psicoterapêuticas.

Moreno (1972) ainda nos traz o desafio para pesquisar diversas hipóteses relativas às experiências da afetividade e do poder nas relações intergrupais, dentre as quais:

• A hipótese da desorganização social propõe que a tendência à dissolução de um grupo cresce à medida que aumentam as escolhas para membros de fora do grupo (centrífugas), diminuem as escolhas para membros de dentro do grupo e predomina a irregularidade nos comportamentos de seus membros.

• A hipótese da proximidade espacial exprime o imperativo espacial, no qual a proximidade no espaço entre os indivíduos impõe-lhes a responsabilidade recíproca para com o mais próximo e o dever de se darem atenção imediata e de se aceitarem.

• A hipótese da proximidade temporal expressa o imperativo temporal, no qual a sequência da proximidade no tempo (no aqui e agora) privilegia a atenção e a veneração.

A visão de Turner (2005) contribui para complementar as ideias morenianas de hierarquia socionômica. Para esse autor, poder é a capacidade de influenciar, ou seja, de controlar os recursos valorizados ou desejados pelos outros. O autor enfatiza a identidade grupal, a história, a organização social e a ideologia, mais do que a dependência, como base do poder. Persuasão, autoridade e coerção são ações relacionadas ao poder. A formação psicológica do grupo produz influência; influência é a base do poder e o poder conduz ao controle dos recursos.

Há teóricos da psicologia social que enfatizam a interligação da afetividade com a identidade social e as dinâmicas de poder. Para Taylor e Moghaddam (1994), os estudos das relações intergrupais têm sido negligenciados. Os autores questionam, por exemplo, a relação entre os estados cognitivos e emocionais do comportamento; a necessidade de captar a essência da emoção que está sob o comportamento e as diversas visões de poder. Esses teóricos se coadunam com a ciência socionômica, pois concebem e estudam, de forma não dicotomizada, as interações entre indivíduo-grupo, grupo-grupos e grupo-sociedade.

A afetividade proposta pela Teoria do Conflito Realístico de Sherif (citada em Taylor e Moghaddam, 1994) vem da concepção de que as pessoas são egoístas e tentarão maximizar suas recompensas. O conflito é o resultado de interesses grupais incompatíveis. Há uma constante luta entre grupos por recursos escassos. Porém, nessa abordagem, há a noção de que o conflito é mau, tornando-a mal recebida por pesquisadores. Segundo Moscovici (1976), é necessário que a psicologia social pesquise o ponto de vista da minoria, do excluído, e as mudanças sociais, pois constantemente evitamos o conflito dando suporte ao *status quo* e mantendo a superioridade do grupo de maioria. Essa crítica de Moscovici é o fundamento das ações sociátricas de Moreno.

Tudo isso nos faz retomar Naffah Neto (1997, p. 209), quando afirma que o conceito de papel social

> pressupõe o conceito de classe social e vice-versa [...]. Os papéis sociais, sua estrutura e dinâmica próprias, nada mais fazem que repetir e concretizar, num âmbito microssociológico, a estrutura de contradição e oposição básicas, que se realiza num âmbito maior entre papéis históricos, constituída pela relação dominador-dominado.

Dessa forma, o autor revela-nos os papéis históricos, aos nos dizer que nos papéis sociais estão aprendidas e registradas as lutas sociais, as ideologias e toda prática que reproduz, por exemplo, um sistema socioeconômico repressor ou causador de injustiças e desigualdades sociais. Na interação entre os indivíduos num grupo ou na relação intergrupal, por meio dos papéis sociais, se expressam subjetividades impregnadas de conteúdos coletivos – que precisam se tornar cada vez mais conscientes e criticados para que eles não nos alienem ou nos ajudem a alienar o outro.

Essa concepção sugere que a sociatria, ou o tratamento dos grupos, deve se propor a um trabalho de esclarecer, desenvolver e transformar as relações humanas, tanto na dimensão individual e nas tensões relacionais quanto nas ideologias sociais, nos exercícios de poder e nos fenômenos intergrugais relativos às questões de gênero, orientação sexual, raça ou classe, entre outros.

No protocolo negro-branco, por exemplo, quando Moreno (1974) realiza, na década de 1950, nos Estados Unidos, um sociodrama sobre relações raciais, a mãe branca identifica-se com a imagem que o filho faz de companheiro, e não com a imagem de negro do garoto. Essa identificação estimulou-a a se identificar com os papéis individuais desempenhados pelos Cowley (negros), ampliando positivamente seu processo interacional com a família de raça distinta à sua.

Ainda podemos obter a contribuição de Pagés (1976) para a compreensão do exercício de poder nos grupos. Segundo esse autor, a relação de autoridade é triplamente simbólica: remete a sentimentos vividos no encontro presente, a mecanismos de defesas provenientes da história individual e a esquemas defensivos advindos da história coletiva – estruturas e instituições coletivas. O conflito coletivo vivido no aqui e agora é interpretado por participantes em função de sua história individual e coletiva. Essa interpretação influenciará na evolução do conflito. O conflito e a relação de poder são respostas à angústia. É o trabalho de dissociação entre o amor autêntico e a angústia da separação; entre a tendência a sentir a experiência viva de uma relação autêntica e a necessidade de fugir do sofrimento que a acompanha. A luta social se compõe do sentimento de compartilhar a separação, do reconhecimento simultâneo dos outros e de si mesmo, da conquista ao respeito da individualidade e das diferenças.

Observamos que essa visão de conflito se compõe com a visão moreniana do sofrimento dos grupos em relação à experiência da hierarquia socionômica ou das correntes psicossociológicas prejudiciais aos indivíduos. Porém, a visão de poder de Pagés se restringe ao aspecto afetivo envolvido na relação de autoridade. Os teóricos da socionomia entendem a relação de poder como constituinte dos papéis sociais (Naffah Neto, 1997; Nery, 2003), uma vez que implicam processos identitários e culturais que fragmentam os grupos.

Acompanhamos Foucault (2002) ao conceber os papéis sociais contendo as condutas relacionadas à autoridade – de caráter positivo, como domínio e comando, e de caráter negativo, como opressão e punição – que geram a produção do saber, a instituição, a individualidade. Saber e poder implicam-se mutuamente, um constituindo e reconstruindo o outro. O autor afirma que o poder tem existência própria, pois é uma prática social, constituída histórica e culturalmente. O que dá vida aos conflitos são as relações de poder heterogêneas e em constante transformação. E, assim compreendendo, concluímos que os papéis sociais operacionalizam o saber e o poder.

Naffah Neto (1997) critica Moreno ao dizer que o autor não aponta, em seus trabalhos, a visão histórica e os determinantes econômicos e ideológicos da constituição e reprodução da sociedade de classes. Naffah Neto entende que um projeto transformador das relações sociais deve interferir na infraestrutura econômica da sociedade. Por exemplo, na penitenciária de Hudson, ao fazer uma reorganização sociométrica, Moreno (1972) não considerou os contextos social, histórico e político dos Estados Unidos, fazendo uma apreensão precária da realidade global.

Apesar desse questionamento, Naffah Neto (1997) conclui que Moreno recuperou um dos princípios básicos do marxismo, pois ele proporcionou uma consciência verdadeira e totalizante, por meio da consciência prática, com todos os membros de uma comunidade criando o próprio processo de transformação.

A experiência de Hudson esclareceu questões sobre as relações indivíduo-grupo-instituição e,

> como práxis política, favoreceu, por uma vivência de contraste, o surgimento de uma consciência prática da situação político-social da qual partiram [...] levou à transformação de uma penitenciária numa comunidade terapêutica e uma organização social autoritária e arbitrária, numa democracia sociométrica. (Naffah Neto, 1997, p. 148-9)

A via dos afetos foi o terreno sociométrico fértil para a produção de um novo nível de consciência política e social. Moreno desenvolve uma concepção atomística da sociedade, priorizando a situação econômica e afetiva do grupo, não a situação econômica das classes. Apresentou outros critérios de avaliação da opressão, além das relações econômicas, em torno dos quais a estrutura social se desenvolve.

O drama humano é tão amplo e contraditório que torna possíveis diversos tipos de revoluções na sociedade. Moreno criou uma microssociologia que produz um tipo de revolução, que se potencializa quando absorve as contribuições marxistas.

O coordenador de grupos deve se firmar, ainda, no conceito de "efeito de poder" de Popkewitz (2001), o qual é resultado de certas medidas políticas que, ao terem a formalidade de favorecer o pobre, na realidade o mantêm à margem do sistema. Tanto a(s) esquerda(s) quanto a direita e o governo usam medidas políticas para fortalecer a elite e os poderosos.

Quando as políticas públicas ou sociais se tornam "coisa pobre para o pobre", questão de mero "assistencialismo" de um grupo social ou de não contribuir para sua emancipação, elas geram o efeito de poder (Demo, 2007). Ele é resultado, por exemplo, da ineficaz distribuição de renda por meio do Programa Bolsa Família, que não é uma redistribuição de fato, e da educação pública brasileira que ensina a população pobre a esperar qualquer tipo de solidariedade. Trata-se da solidariedade que prejudica a organização popular e aperfeiçoa a dependência da população, principalmente do Estado.

Uma população educada com qualidade, que aprendeu a pensar, pesquisar, criticar e se organizar politicamente "não se contentaria com mera *distribuição* de renda. Exigiria sua *redistribuição* [...]" (Demo, 2007, p. 168). A política social crítica e a educação com qualidade lutam por desenvolver a habilidade de confronto por parte dos excluídos.

Adorno afirma que nem sempre as relações de poder são explícitas em suas condutas (Horkheimer e Adorno, 1973). Essas relações são mantidas na forma de violência física ou simbólica, devido a uma série de racionalizações criadas para justificar o exercício de poder ou os privilégios de um grupo sobre outro. As ideologias (conjunto de ideias sobre a realidade) são fundamentais para a manutenção de *status quo* de domínio nas relações grupais e intergrupais. Para Adorno, nem todas as ideologias são falsas e alguns valores, como justiça e verdade, são falsos quando se acredita tê-los atingido, por isso é importante realizar uma crítica ideológica ou um confronto de racionalidades (Horkheimer e Adorno, 1973).

A luta de poder entre grupos sociais é reforçada principalmente por meio do preconceito. No preconceito racial, por exemplo, quatro sentimentos estão presentes (Blumer, 1958): sentimentos de superioridade; de propriedade de certas áreas de privilégio e vantagens sociais; de que a raça subordinada é intrinsecamente diferente e estranha; de medo ou suspeita de que a raça subordinada almeje as prerrogativas da raça dominante.

Quando abordamos o conceito de efeito de poder, podemos adaptá-lo para fazer uma constante crítica de nossa prática terapêutica. Ele nos ajuda a perguntar até que ponto contribuímos para a emancipação dos nossos indivíduos e grupos de suas opressões, ou mantemos o *status quo* social e reproduzimos do perverso exercício de poder em nosso sistema capitalista e em nossa sociedade repleta de discriminações e violências.

Instâncias relativas às dinâmicas de poder

Em livro anterior (*Vínculo e afetividade*), refletimos sobre os mecanismos de poder diluídos no campo social. Afirmamos que o desenvolvimento ou estabelecimento de um vínculo ocorre quando alguns elementos – dentre eles os afetivos, históricos, culturais, cognitivos –, em estado caótico, confluem-se dentro de papéis sociais.

Essa confluência se deve, dentre outros fatores, às dinâmicas de poder, quando ora uma pessoa ora outra domina o contexto e fomenta a complementação dos papéis. Nesse momento, reencontramos o "eu", em algum papel social, reorganizado num espaço, num tempo e num contexto específicos, como por exemplo, o papel de médico, de líder, de associado, de doente mental ou de presidiário, que estava, histórica ou culturalmente, disperso no meio social. (Nery, 2003, p. 110)

As dinâmicas de poder promovem o estabelecimento dos papéis sociais e originam os grupos, favorecendo a "organização" de elementos sócio-históricos que se encontravam "diluídos" na sociedade desenvolvendo os papéis ou construindo novos, por exemplo: sem-terra/líder dos sem--terra, sem-terra/latifundiário, voluntário/coordenador de ONG, pesquisador/elaborador de projetos para ONG, morador de quadra/prefeito de quadra.

No processo interacional, detectamos seis instâncias – que se influenciam mutuamente – relativas às dinâmicas de poder nos vínculos. A primeira instância da dinâmica de poder se refere ao estabelecimento dos vínculos simétricos e assimétricos e aos conflitos derivados da legitimação da pessoa que detém, no vínculo, em algum momento, a posição de força na relação de poder. Por exemplo, os funcionários sofrem, pois não reconhecem as chefias no ambiente de trabalho; o grupo dos sem-terra pode sofrer transtornos em relação aos seus líderes quando enfrenta os embates com o governo.

A segunda instância se refere à interpsique (resultante dos estados coconsciente e coinconsciente) que contradiz as práticas de poder nos vínculos. Entre grupos, observamos grevistas que se sobrepõem às equipes de governo ou o Greenpeace que determina algumas regras ecológicas de um país. Essas contradições presentes nos vínculos dão fluência à experiência da assimetria ou simetria vincular; porém, em algum momento podem bloquear a cocriação no vínculo ou no grupo.

O coconsciente e o coinconsciente nos fazem deduzir um contínuo aprendizado de diversas modalidades vinculares de poder, além da atividade (autonomia, gerência, independência), passividade (dependência, subordinação) e interatividade (cooperação, solidariedade), em qualquer vínculo social da criança e do adulto. Porém, Bustos (1990) apregoa a importância do aprendizado dessas condutas na interação paternal, maternal e filial, respectivamente, e em sua reativação na vida adulta. A modalidade vincular de poder se refere às formas pelas quais aprendemos a exercer o poder nas relações ou nos grupos. Além das três bases de cacho de papéis propostas por Bustos (1990), o indivíduo pode, por exemplo, aprender a dominar por meio da violência, de ameaças, ou a se subordinar, como forma de manipulação, gerando no outro culpa ou dependência ou produzindo paradoxos no exercício de poder.

A terceira instância é relativa aos vínculos "latentes" possibilitados pelas complementações de funções e de características de papéis que revitalizam as dinâmicas de poder. Por exemplo, um chefe pode apenas exercer nominalmente o cargo, porém um dos funcionários é quem oferece as diretrizes para que a equipe produza. Nesse sentido, o funcionário exerce o papel latente de "chefe" (ou ele se torna o chefe informal). Outro exemplo: na relação entre pai e filho, um filho pode se tornar "pai" do pai ao exercer funções paternais em relação ao seu progenitor. Um professor pode se tornar "amigo" de um aluno ao exercer funções desse papel na relação docente. Os papéis latentes podem causar danos para alguém ou trazer-lhe algum equilíbrio sociodinâmico.

A quarta instância se refere aos dispositivos e aos recursos de poder que podem ser utilizados nos vínculos. As pessoas e os grupos adquirem ou desenvolvem dispositivos de poder para entrar na luta social (Foucault, 2002). Por exemplo, numa entidade de classe, um diretor pode tentar controlar uma diretoria com o dispositivo de possuir importantes contatos políticos, por meio do qual subjuga os outros diretores, que podem tentar compensar a situação por meio do dispositivo de poder profissional ou sociométrico (ter maior apoio dos associados). Esses dispositivos provocam distintas competições que podem causar transtornos na instituição. A violência de gangues, bandidos e traficantes tem seu pilar no uso do dispositivo de causar medo na população e do dispositivo da corrupção que empobrece a ação policial.

A quinta instância de poder refere-se à interferência da afetividade no grupo e nas relações intergrupais. As correntes afetivas geram hierarquia socionômica. Muitos grupos sofrem na competição de se tornarem mais atraentes que outros. Inclusive, os que se fortalecem afetivamente podem ser danosos para uma grande maioria que a eles se contrapõe. A competição sociométrica (Nery, 2003) produz intrigas, tensões e mal-estar nos grupos, ocasionados por rejeições e incongruências nas escolhas.

A afetividade – por meio da expressão da agressividade – direciona as relações de poder em três sentidos básicos: a realização dos potenciais criativos dos indivíduos no vínculo e grupos (promovendo o bem-estar comum, a assertividade e a cocriação); a anulação de seus potenciais (quando se estimula, por exemplo, a violência, a opressão); sua robotização (quando se fomenta, por exemplo, a alienação educacional, a falta de consciência crítica).

A sexta instância é relativa à conexão das dinâmicas de poder do microcosmo do vínculo ou do grupo com o macrocosmo da sociedade e vice-versa, possibilitada pelos estados coconsciente e coinconsciente. É fundamental perceber as influências do que ocorre na sociedade em nosso papel de coordenador de grupos e nas reações dos membros. A conexão oculta entre indivíduos-grupos-sociedade--nações, tão explorada por Moreno (1972), é cada vez mais estudada por teóricos como Sheldrake (1999) e Capra (2002). Nesse sentido, muitas vezes as ações relativas à violência, solidariedade e resolução de conflitos, que ocorrem nos grupos que atendemos, podem ser estimuladas pelos estados coconsciente e coinconsciente, entre micro e macrocosmo social. Por isso, a cultura e o contexto histórico grupal precisam ser estudados para que a intervenção social seja adequada.

Essas instâncias se interifluenciam e dinamizam dialeticamente as práticas de poder, promovendo ou bloqueando a recriação das condutas humanas. Na prática sociátrica, o vínculo terapêutico é assimétrico e sofre a interferência de todas as instâncias relativas às dinâmicas de poder. Essa prática visa à (re)vivência cocriativa, tanto do coordenador de grupos (terapeuta) como do(s) cliente(s), mediante o refazer das modalidades vinculares de poder aprendidas ao longo da vida.

No jogo de forças transformador do vínculo terapêutico, os participantes se beneficiam dos mecanismos de poder, não se tornando dóceis politicamente e superprodutivos economicamente, mas sim protagonistas de suas histórias, usufruindo de suas forças criativas e libertadoras. As relações de poder presentes no contexto de mediação ou de intervenção dos conflitos grupais sofrem as interferências de conteúdos coconscientes e coinconscientes, podendo se utilizar, inclusive, de condutas relativas às dominações, às repressões, ao controle e aos limites por meio da repetição de condutas opressoras aprendidas. Porém, à medida que os mecanismos de poder grupais e sociais são explicitados e confrontados construtivamente, os participantes atualizam seus potenciais no sentido do bem comum.

Conflitos e tipos de conflitos

Diante das tarefas de mediar e de intervir terapeuticamente em conflitos grupais, explicitamos teorias da afetividade, da identidade e das relações de poder que embasam os conflitos humanos. Agora, acrescentaremos algumas contribuições sobre as origens dos conflitos e seus tipos. No próximo capítulo, descreveremos sinteticamente alguns métodos para mediação dos conflitos e os métodos sociátricos.

Alguns autores definem "conflito" como uma situação de atrito ou de discordâncias e diferenças entre forças aparentemente opostas ou incompatíveis, tais como opiniões, atitudes, hábitos, valores, metas, necessidades e desejos (Weil, 1998; Weiss, 1994). Observamos que essa definição envolve o que há de mais aparente numa situação conflituosa: a tensão entre as pessoas devido às diferenças em algumas áreas. No entanto, existem situações conflituosas em que atrito ou discordância não são evidentes, mas sutilmente permeiam o estado emocional dos membros do grupo e avançam para a luta por algum tipo de poder.

A origem dos conflitos sociais demonstra-nos que eles são mais complexos que a simples discordância entre os membros de um grupo ou entre grupos. A teoria socionômica, como vimos, afirma que o *status nascendi* dos conflitos está na tricotomia social. Essa tricotomia se compõe da realidade social, resultante das articulações entre as dimensões da sociedade externa (papéis sociais vividos) e da matriz sociométrica (papéis latentes, afetividade vivida entre os participantes). A realidade social se comporá de padrões de interações, embates afetivos e exercícios de poder, que promovem as crises, as mudanças e o desenvolvimento dos vínculos e grupos.

A realidade social mobiliza o coconsciente e o coinconsciente, que direciona o grupo para a cocriação, ou seja, para as suas metas de bem-estar social ou para alguma disfunção ou situação conflitiva que prejudica o equilíbrio social. Por exemplo, num grupo de sala de aula, professor e alunos (em seus devidos papéis sociais, nos seus contextos específicos) pertencem à sociedade externa. O professor com as características de (ou com papéis latentes) "amigo", "complacente", "paizão" e os alunos com as características de (ou com papéis latentes) "rebeldes", "displicentes", "desligados", pertencem à matriz sociométrica. A realidade social resultante dessas duas dimensões nos trará uma dinâmica grupal específica. A complementação desses papéis latentes e características podem resultar, por exemplo, em desmotivação, desentendimentos, bloqueios, dificuldades em cumprir a tarefa por parte dos alunos e em sensação de incompetência por parte do professor. Nesse caso, a dinâmica grupal, que é a manifestação dos estados coconscientes e coinconscientes, é prejudicial para a cocriação.

Os processos de identidade incrementam as correntes afetivas, gerando conflitos e causando sofrimentos, exclusões, abandonos e violências em relação às diferenças. As práticas de poder podem produzir condutas que beneficiam a cocriação ou condutas que prejudicam o equilíbrio do grupo, tais como o abuso da autoridade, as rígidas vigilâncias, o domínio que anula o outro, a violência física ou psíquica, a repressão, as opressões, ideologias e ameaças.

As perturbações psíquicas de algum indivíduo do grupo, tais como fobias, isolamento, timidez ou arrogância excessivas, também podem gerar ou incrementar conflitos. Por exemplo, há pessoas que aprenderam a interpretar como rejeição ou agressão qualquer crítica que recebem e entram num campo de ansiedade que não permite visualizar outras saídas para a situação a não ser agredir, isolar-se ou desistir da relação. Essas interpretações e comportamentos geralmente contribuem para incrementar os conflitos ao invés de superá-los.

A comunicação humana tem elementos potencializadores dos prejuízos ao diálogo empático, tais como: o verbal *versus* o não verbal (conteúdo expresso *versus* a corporalidade e a forma de se expressar), a intenção *versus* a expressão, a "realidade" *versus* a interpretação, o aspecto conotativo *versus* o denotativo, o mundo interno *versus* o mundo externo. A incongruência desses elementos está constantemente presente em um dos indivíduos que se comunica, desfavorecendo o encontro. É muito comum observarmos pessoas chorando em situações cômicas ou rindo em situações de dor.

Também observamos, em nossa prática clínica, muitos clientes que vivem, em determinados momentos, pouca espontaneidade-criatividade quanto à exposição de intimidade. Em muitos contextos em que precisavam se proteger em relação à intimidade, se expuseram e se prejudicaram – por exemplo, em ambiente de trabalho hostil. Também atendemos clientes que, quando é necessário se expor, se retraem, perdendo, por exemplo, a oportunidade de criar amizades, contatos, namoros. Portanto, a pouca integração entre as dimensões psíquicas (sentir, perceber, pensar, agir) e os contextos sociais perturbam a comunicação humana, causando conflitos e sofrimentos psíquicos.

Segundo Gardner (1993), as pessoas que têm as capacidades de integrar emoção e razão e de adiar a satisfação das necessidades desenvolvem inteligência emocional. Podemos também afirmar que essas pessoas têm maiores chances de desenvolver suas competências relacionais ao treinar a habilidade de inverter papéis (imaginar-se no lugar do outro, intuí-lo e ajudá-lo a se imaginar em seu lugar). Esse treinamento também favorece sua criatividade e das pessoas com quem se relacionam. Porém, por mais inteligente em termos emocionais e relacionais que uma pessoa seja, ela sempre precisa evoluir nesses aspectos, pois a cada momento deparamos com as surpresas do mundo aberto e em constante mudança.

Os cinco tipos básicos de conflitos

Os métodos científicos terapêuticos criados pela psicologia coadunam-se com os diversos tipos de conflitos e sofrimentos. A realidade social produz basicamente cinco tipos de conflitos: intrapessoais, interpessoais, intragrupais, intergrupais e internacionais (Weil, 1998). Dentre estes estão os que reafirmamos em capítulos anteriores: os conflitos de classe e os relativos aos grupos *outsiders* da sociedade, que sofrem discriminações e opressões visando à reprodução do sistema capitalista, entre os quais os relacionados a gênero, raça, orientação sexual, idade e regionalidade (Guimarães, 2002). Esses conflitos se articulam e se influenciam por meio dos estados coconsciente e coinconsciente. Porém, didaticamente, abordaremos nesse momento a predominância de uns sobre os outros.

O conflito intrapessoal ocorre no mundo interno de cada pessoa, formado por sua história pessoal. Essa história contém o aprendizado de papéis e o aprendizado emocional, adquiridos nos vínculos e nos grupos a que pertencemos (Nery, 2003). Respondemos aos contextos grupal e social de acordo com esse aprendizado. Cada um de nós é um universo repleto de "outros internos", que muitas vezes nos fazem perceber e interpretar distorcidamente fatos ou nos levam a agir com bloqueios em nossa espontaneidade-criatividade. Por meio desse conflito, direcionamos nossa agressividade para nós mesmos, para o outro ou nos alienamos. O conflito intrapessoal, manifestado em diversos sintomas emocionais, atitudinais ou comportamentais, cria ou mantém os outros tipos de conflitos.

As respostas de cada pessoa aos acontecimentos de sua vida se dão no "aqui e agora". Trata-se da categoria momento que envolve o passado, o presente e o futuro. O futuro surge como projeto de vida e envolve a tentativa de realização de desejos e necessidades (em todas as dimensões). Ao responder às situações, repetimos, criamos e buscamos alimentos afetivos. Se o medo da relação imediata nos domina, nos defenderemos dela afastando-nos ou gerando conflitos (Pagés, 1976). Se conseguimos amenizar a ansiedade do encontro, conseguimos desenvolver nossa espontaneidade-criatividade e a dos que nos circundam (Moreno, 1974).

Os conflitos interpessoais ocorrem nos vínculos que estabelecemos. Moreno (1974) afirma que nas relações há o coconsciente e o coinconsciente, ou seja, uma produção consciente e inconsciente comum e específica, geradora de um crescimento mútuo ou de uma neurose interpessoal. Em determinados momentos e contextos, as pessoas reforçam mutuamente sintomas e conteúdos psíquicos que bloqueiam a cocriação, desenvolvendo conservas vinculares e um profundo sofrimento interpessoal (Nery, 2003).

Por exemplo, em um ambiente de trabalho, a realidade social promove diversos conflitos relacionados ao momento, ao local, às pessoas envolvidas e às respostas a uma situação-problema. Mas os conflitos se tornam cada vez mais intoleráveis quando outros fatores interferem nas relações – dentre eles os valores morais, as manifestações de violência física ou psíquica, os assédios morais ou sexuais e as questões éticas. Nesses casos, as emoções e os sentimentos mais profundos passam a interferir nas práticas de poder, abalando a saúde mental dos profissionais.

Para Weil (1998), os conflitos interpessoais se originam na mente, ou no intrapsíquico, pois são frutos de percepções distorcidas pela imaginação (ou pela interpretação). As percepções distorcidas e frustrações induzem sentimentos relacionados à agressividade. E as ações agressivas provocam reações que geralmente as incrementam.

Os conflitos intragrupais acontecem entre indivíduos que pertencem a um grupo. Por exemplo, as pessoas podem atormentar seu grupo devido às suas dificuldades comunicacionais, aos desempenhos empobrecidos de seus papéis, à identidade temida ou reprimida, à luta por ideais divergentes ou por espaço hierárquico. A especificidade dos conflitos intragrupais é o padecimento do grupo, é a instabilidade na atmosfera afetiva grupal que perturba o alcance de metas, gerando graves sofrimentos nos indivíduos.

Todo grupo sofre interferência dos membros e de elementos externos a ele no seu processo de formação e desenvolvimento. Essa interferência pode não ser criativa quando, por exemplo, alguma característica do grupo ou suas ideologias não conseguirem ser flexibilizadas.

Outro fator que impulsiona os conflitos é a experiência sociométrica entre os indivíduos no grupo e entre grupos. Essa experiência nos remete às forças afetivas de atração e repulsão, que contribuirão para a coesão ou para a desintegração do grupo (Moreno, 1972). O grupo adquire diferentes configurações e se subdivide em subgrupos, em duplas, trios (chamados metaforicamente de "panelinhas") e também em isolados. Em geral, muita dor é vivida nesse processo de subdivisão grupal que contém um tipo especial de competição afetiva – a qual gera a hierarquia socionômica.

Os conflitos intergrupais acontecem entre os grupos de uma instituição, entre grupos de diversas instituições ou entre grupos sociais. Nos conflitos intergrupais, os processos identitários e a competição afetiva por bens materiais, sociais e culturais estão salientados. Há grande disputa pelo domínio em relação a algum dispositivo de poder ou na luta pela libertação de opressões.

Nos conflitos intergrupais, confrontos e violências relativos à intolerância às diversidades se evidenciam. As possibilidades de expressão de perversidades em relação ao diferente são ampliadas, pois são estimuladas e cobradas pelos pares. A busca da manutenção de privilégios é acirrada, sob o apoio de ideologias e várias formas de alienação do outro.

Os conflitos internacionais ocorrem quando as nações entram em atrito, por exemplo em relação a questões étnicas, religiosas, de fronteira, de comércio e de preservação da humanidade. Algumas produções cinematográficas – como os filmes *Caché* (direção: Michael Haneke, 2005), *Três enterros* (direção: Tommy Lee Jones, 2005) e *Babel* (direção: Alejandro González Iñárritu, 2006) – mostram o quanto os conflitos internacionais repercutem nos conflitos familiares e intrapessoais ao mobilizar e ser mobilizados por processos coinconscientes.

Quanto à compreensão da luta de classes e de conflitos entre grupos sociais no sistema capitalista, acompanhamos o pensamento de Demo (2003b) quando apregoa o extermínio da reprodução da desigualdade social pela participação ativa da população na gestão de políticas sociais e no controle democrático do Estado. Nesse sentido, o efeito de poder (Popkewitz, 2001) deve ser evitado tanto em relação às políticas públicas como em qualquer terapêutica social, pois o resultado de nossa tarefa não é reproduzir a desigualdade socioeconômica.

A luta de classes visa a mudanças profundas na sociedade dividida em dois lados opostos: aquele que detém e controla os meios de produção e outro que possui a força de trabalho e a vende, no contexto da mais-valia. Demo (2003b) afirma que as mudanças efetivas só surgirão por meio da redistribuição e não apenas pela distribuição de renda e de poder na sociedade. Porém, o autor sustenta que a superação do conflito de classes não implica a extinção do conflito social, pois toda sociedade é multicultural, é uma "unidade de contrários" com todos os tipos de segmentos sociais, na tentativa da manutenção/mudança de seu *status quo*. O reconhecimento das diferenças e suas tensões em relação à desigualdade exigem movimentos sociais e iniciativas emancipatórias que abranjam fatores culturais, além do econômico.

Os conceitos de efeito de poder e de sociedade de classes sociais nos ajudam a criticar a prática sociátrica, no sentido da luta pela justiça social e pela emancipação do sujeito não apenas em relação à questão material, mas também em relação à pobreza política, que tornam a população massa de manobra (Demo, 2003a). E há o desafio da promoção do desenvolvimento social, conquistando a convivência ética com as diversidades e a vigilância em relação ao destino de verbas e bens públicos.

Todos os tipos de conflitos se inter-relacionam e se influenciam mutuamente. O conflito intrapessoal está impregnado da aprendizagem social, pois nos tornamos humanos por meio dos vínculos que estabelecemos. O conflito grupal também é a repercussão de diversos conflitos intrapessoais e interacionais.

É importante, didaticamente, diferenciarmos os conflitos, de acordo com a prevalência de um ou outro aspecto. A diferenciação dos conflitos contribui para que os profissionais em relações humanas especifiquem seus campos de atuação e pesquisa, pois o psicoterapeuta focaliza e se especializa nos conflitos intrapsíquicos e interacionais, e o coordenador de grupos (que se especializa em socioterapia) se direciona para as problemáticas interacionais e grupais, visando ao desenvolvimento de papéis sociais específicos (Nery e Costa, 2008).

As diferenças entre os campos de atuação do psicoterapeuta e do coordenador de grupos são tênues, mas a prática e a teoria nos ajudam a detectar e diferenciar o foco e o tipo de conflito a serem trabalhados nas especificidades da atuação de cada um. O profissional faz uma análise de demanda, contexto, história e cultura do grupo, para depois, com a clientela, realizar o projeto terapêutico. O primeiro momento de estabelecimento do vínculo terapêutico é fundamental para criar o clima de confiança, de atendimento das expectativas e necessidades, dentro das limitações do momento, do contato com a demanda e da motivação da clientela (Ramos, 2008). O projeto terapêutico é uma cocriação em que se deve respeitar o saber do cliente e de sua cultura local e, num processo hermenêutico, ajudá-lo a ter contato com suas demandas e com as necessidades e prognósticos de uma intervenção psicossocial.

Após a compreensão da sociodinâmica e da sociometria, é possível mediar ou intervir nos conflitos e nos focos de desintegração, visando desbloquear os fatores impeditivos do bem-estar social. Nessa tarefa, eventualmente o coordenador de grupos pode precisar encaminhar algum membro para a psicoterapia, pois seus conflitos intrapessoais podem prejudicar o grupo ou se exacerbar com os transtornos grupais.

5. O coordenador de grupos e sua práxis revolucionária

Quando nos aventuramos em nos especializar em intervenção e mediação de conflitos grupais, logo percebemos que não podemos temê-los. Ao contrário, nos conscientizamos de que eles se tornam a matéria-prima do nosso trabalho. O conflito é, pois, integrante do processo interacional. Se todo conflito produz sofrimento, não há como escaparmos da dor. No entanto, as contradições do desenvolvimento humano e grupal trazem dinâmicas interacionais também produtoras de conforto e alívio do sofrimento sociopsíquico. Nesse instante, o universo aberto conspira para que prossigamos em direção ao crescimento pessoal e social – e, assim, novas contradições surgirão, com novas ou tão antigas dores.

Qual é a função do coordenador de grupo, se o conflito é uma fatalidade? E se ele próprio está inserido nos meandros dos conflitos?

Alguns profissionais – dentre eles o educador, o administrador de empresas, o assistente social, o enfermeiro, o médico, o psicólogo, as pessoas que ocupam cargos de chefia ou as lideranças religiosas ou comunitárias –, em determinados momentos, tornam-se coordenadores de grupos que podem intervir terapeuticamente nos grupos. Ao se especializar em tratamento de sofrimentos grupais, em cursos de formação apropriados, o coordenador se torna um socioterapeuta.

A função terapêutica do coordenador de grupos depende, em grande parte, de sua crença de que viver conflitos é uma arte, além de uma ciência. A capacidade de lidar com situações conflituosas, violentas, de crises, de embates e com os sentimentos e sofrimentos delas derivados é desenvolvida principalmente por meio do autoconhecimento. O treino técnico, os estudos teóricos e sobre a clientela e a ampliação da consciência crítica social contribuem para essa tarefa.

A arte e a ciência de mediar ou de intervir em conflitos não produzem fórmulas, receitas, regras ou cálculos exatos para essa tarefa. Mas existem alguns princípios favorecedores desse trabalho, resultantes de estudos e de teorias sociais e psicológicas. Um dos princípios básicos nos diz que o fomento da amizade e da cooperação entre as pessoas favorece o respeito, a tolerância às diferenças e o ajuste das expectativas, o que possibilita a criatividade e a inovação (Moreno, 1972; Pettigrew, 1998).

Em sentido inverso, a competição destrutiva, o uso abusivo de dispositivos de poder e a falta de compaixão incrementam as crises e o mal-estar nos vínculos. Nesses casos, o conflito envolve discordâncias, papéis latentes, exercícios de poder e projetos dramáticos que não contribuem para o crescimento mútuo. Por exemplo, um grupo (ou uma pessoa) envolvido num dilema se sente desprestigiado e oprimido, pois acredita que seus direitos lhe foram negados, que a satisfação de suas necessidades foi impedida, que lhe foram impingidas desigualdades ou que se demonstrou descaso por seus interesses. O outro grupo pode negar ou produzir discursos (ideologias) que tentam mostrar outras facetas desse dilema e lutar pela manutenção do *status quo* daquele contexto social. Enquanto ambos os lados permanecerem num jogo destrutivo de poder e acirrarem as diferenças, o bem comum não se torna viável e todos sofrem.

A tarefa de intervir nesses conflitos é árdua e, em muitos momentos, nem sempre a função terapêutica esperada por todos é atingida. Nesse momento, outros recursos são necessários – como melhorar o conhecimento da cultura, ampliar a compreensão dos sofrimentos dos grupos e buscar redes de apoio institucionais, jurídicas, políticas ou de movimentos sociais que possam complementar a intervenção terapêutica.

Tanto a mediação dos conflitos quanto a intervenção têm como base promover o diálogo entre as partes, dando-lhes direitos iguais à fala, explicitando imparcialmente os significados de cada uma, as expressões emocionais. Busca--se promover o respeito às diferenças, a flexibilização dos processos identitários e a divisão de poder. Tenta-se a construção do confronto construtivo, do diálogo empático, do *feedback* e da comunicação eficientes, para a negociação, elaboração dos planos de ação e para a ação produtiva e conjunta.

Giddens (2003) afirma categoricamente que no mundo em descontrole no qual vivemos é imprescindível desenvolvermos o diálogo, propondo a importância de trabalhar as situações conflituosas e que nos destroem com uma terapêutica social. Esse autor se alia à proposta da sociatria para a humanidade de Moreno (1972).

A mediação exige o desenvolvimento de várias habilidades (que são verdadeiras artes), principalmente a de escutar os membros do grupo ou dos subgrupos em crise e intermediá-los, ajudando-os a se compreenderem e a se interpretarem. É necessário também desenvolver, por exemplo, a arte de saber perguntar, de ajudar as partes a desenvolver percepções, ampliar a compreensão de suas histórias, relacionar fatos, desenvolver novas capacidades cognitivas em relação ao problema, rever os dispositivos e os exercícios de poder, expressar profundamente os conteúdos, compreender o outro, amenizar insatisfações e desvantagens e buscar novas formas de vinculação ou de experiências até conseguir uma conciliação, negociação organizada ou afastamento dos vínculos geradores de violência ou sofrimento. Assim, o coordenador se torna um mediador, ou seja, aquele que está "entre" dois pontos distantes, tentando justamente trazer as extremidades para o caminho do meio.

A intervenção terapêutica em conflitos grupais tenta ir além da mediação. A intervenção é a interposição de métodos e técnicas terapêuticas que tem por objetivo a resolução de conflitos. A base da intervenção é a mediação, porém, o coordenador se torna um terapeuta participativo e ativo na busca das causas e motivações mais profundas dos conflitos e dos sofrimentos grupais. Há o objetivo de ajudar, por meio de técnicas socioterapêuticas, os membros dos grupos a refazer sua história, a ampliar capacidades de crítica social e de autocrítica e a dar novas respostas para conflitos antigos e respostas mais adequadas aos conflitos atuais.

Neste livro, tentamos aprofundar-nos na análise dos métodos terapêuticos de ação, criados por Moreno (1972), para contribuir na formação do socioterapeuta e nas suas intervenções nos conflitos grupais.

A práxis revolucionária do coordenador de grupos

As tarefas de mediar e de intervir em conflitos envolvem os alertas de que podemos nos alienar ao nos submeter às ideologias dominantes capitalistas. Essas ideologias mantêm o consumismo, o individualismo e a competição selvagem, acirram a intolerância às diferenças e enfraquecem a luta de classes sociais.

Mas ainda podemos refletir sobre nossa sociedade como a sociedade do espetáculo, definida por Debord (2002). A sociedade do espetáculo também gera repressão e opressão social. Trata-se da construção da subjetividade "espetacular" por meio de produções culturais (tais como o cinema, a televisão, a filosofia e a religião) nas quais o sujeito perde sua autonomia e criatividade.

São diversos os sofrimentos produzidos pela sociedade capitalista e do espetáculo – a guerra, o desemprego, a desigualdade social e econômica, a vida urbana, o terrorismo, o racismo, as violências sexuais, sociais e domésticas, a telecomunicação massiva, o sexismo, o fanatismo religioso, a ocidentalização, as epidemias, o abuso de substâncias etc. Além disso, os movimentos migratórios, a urbanização desumana, a falta de privacidade nas favelas, a perda de referenciais culturais e de laços afetivos produzem o domínio das competições destrutivas, das rivalidades violentas, e acirram as doenças mentais. Há o abuso de drogas e o crescimento de vícios os mais diversos. Há a delegação de poder às substâncias psicoativas (que são apenas parte de um tratamento, quando necessárias). Há o risco do desaparecimento dos mecanismos culturais que dão suporte contra as situações traumáticas e o risco da robotização do homem.

Vaneigem (2002) critica a maioria dos produtos culturais que vieram libertar o homem, como a psicanálise, o sociodrama, a pop arte, as religiões. Para o autor, tudo isso são recursos para incrementar a prisão do ser humano em suas alienações pessoal e social. Porém, Vaneigem, ao detonar o que o homem tenta criar para se (re)construir socialmente, usa o velho sistema do poder corrosivo de pisar sobre o outro para se beneficiar.

É, portanto, válido criticar de que derivam e para onde vão as ações do homem em suas produções culturais. Particularmente a práxis psicológica merece tal questionamento, pois pode surgir da alienação e favorecê-la. A crítica filosófica não deve se restringir ao que existe para a terapêutica do ser humano – pois a ciência já tem a tarefa de estudar e validar os métodos –, mas deve ser ampliada à maneira de realizar o trabalho terapêutico, à intenção dessa atividade e à construção social a que ela nos encaminha.

Centrando-nos no papel do coodenador de grupos, é seu dever vir-a-ser sendo revolucionário. Então, o que é ser coordenador de grupo (socioterapeuta) na sociedade do espetáculo? Quantas vezes não estamos, na verdade, favorecendo a manutenção dessa ordem capitalista alienante? Em que medida nossas ações não são ações da engrenagem do consumismo, do tecnicismo e da robotização? O que nos dirá que estamos trabalhando em prol da liberdade, da verdadeira construção da subjetividade? Nós que temos a subjetividade pervertida pela ilusão da aparência? Que poder transformador é esse, de quem tem "domínio" da alma humana, nestes tempos modernos?

Holloway nos alerta sobre precisarmos mudar o mundo sem tomar o poder, pois todas as revoluções que tentaram tomar o Estado e o poder fracassaram. E afirma: "O que está em discussão na transformação revolucionária do mundo não é de quem é o poder, mas como criar um mundo baseado no mútuo reconhecimento da dignidade humana, na formação de relações sociais que não sejam relações de poder" (Holloway, 2003, p. 33).

Moreno (1974) lutou pela utopia da criação de uma nova ordem mundial terapêutica, em que cada coordenador de grupos seria um combatente que contribui para a criação de padrões culturais libertadores, para a integração, a participação no cotidiano valorizado, a luta pelo trabalho criativo, as capacidades de gestão democrática da sociedade e para o extermínio da desigualdade social e da violência em todos os sentidos. Porém, a boa intenção da mudança pode ser surpreendida pelos efeitos do poder (Demo, 2003a), pois o fazer científico e a intervenção sociátrica podem manter o *status quo* social, ao invés de libertá-lo. Embora Holloway (2003) nos proponha a mudança do mundo sem tomar o poder, qualquer tentativa conjunta de saídas para os problemas sociais repercute em novas dinâmicas de poder, pois promove a ampliação da consciência crítica e da capacidade organizativa dos sujeitos. O poder é constitutivo das relações humanas e isso nos faz lutar no sentido do desenvolvimento de relações de poder edificantes. Nesse sentido, o aprimoramento dos alcances do sociodrama e o trabalho dos seus limites se aliam ao compromisso da construção da cidadania emancipada da população brasileira.

O reconhecimento do sujeito do conhecimento, ativo, participativo, protagonista da história, se atrela ao fato de que a subjetividade individual está interconectada em todo um processo de ecologia planetária (Bateson, 1979). Nessa mesma linha, Capra (1988), Moreno (1972) e Morin (2002) afirmam que a verdadeira revolução acontecerá quando todos nos conscientizarmos de que cada um de nós é responsável pelo que acontece de bom ou de ruim neste planeta.

Trata-se, portanto, de conquistar um posicionamento global em relação ao outro, no qual o coordenador de grupos incorpora a intervenção e a prática da pesquisa, pois seu papel é de terapeuta-interventor-observador-participante. A situação é o foco, pois vivemos em um mundo que tem sua concretude demarcada pelo momento vivido (aqui e agora – tempo psicológico concreto e histórico, que carrega em si o passado e o futuro), pelo contexto, pelos papéis e vínculos socioculturais que o compõem.

Na contradição do grupo que pode gerar tanto a doença como a saúde, podemos reavivar a prática terapêutica, com o uso de métodos que tratem não apenas do indivíduo, mas também do indivíduo em seus vínculos e grupos, assim como dos vínculos e dos grupos. Métodos acompanhados pelos trabalhos multidisciplinares.

Esses são os princípios que nos fazem entender o encontro terapêutico como um encontro entre culturas. O terapeuta e o(s) cliente(s) estão submersos no universo cultural e será deste que eles vão retirar a essência da existência realizadora. No tratamento ritualístico específico da psicologia, haverá o combate do vivo contra a morte e a revogação da lógica da mercadoria. Os desejos, o cotidiano, a sensibilidade e a compaixão podem ser resgatados para a libertação da subjetividade radical. Seguindo Vaneigem, Debord, Holloway, Demo e Moreno, nós coordenadores de grupo podemos conclamar: é tempo de criar recriando a sociedade. Podemos renovar a criatividade coletiva a cada instante, com objetividade e determinação.

Voltando para o nascer da nossa prática sociátrica "revolucionária", reafirmamos que no princípio era o verbo (João, cap. I), mas ele não existiu sem o grito (Holloway, 2003). No princípio era o grito, que não existiu sem o fazer. No princípio era o fazer, que não existiu sem a ação. No princípio era a ação (Goethe, 1991), que não existiu sem alguém que atuasse e um outro alguém que o complementasse. No princípio, portanto, era o encontro (Moreno, 1972). E o encontro nos traz novamente o grito do confronto e a constante luta por um mundo melhor.

6. Métodos para intervenção em conflitos

O coordenador de grupos, ao mediar ou intervir em conflitos, necessita distinguir entre método socioterapêutico, técnicas, recursos técnicos, procedimentos e hipóteses terapêuticas. O método é o caminho pelo qual o coordenador escolhe atingir, juntamente com o grupo, os objetivos terapêuticos. É o formato principal de atuação profissional, num dado momento, que contém um embasamento teórico e filosófico específico (Nery e Costa, 2008). É o meio pelo qual se abordará, pesquisará e trabalhará a demanda grupal, e nele estão contidas as técnicas, os recursos, os procedimentos e as hipóteses terapêuticas.

Assim, um coordenador pode usar, por exemplo, o método da terapia comunitária (Barreto, 1990), da dinâmica de grupo (Lewin, 1978; Minicucci, 1987), do grupo operativo (Pichon-Rivière, 1988), da intervenção psicossocial (Cirillo, 2000), da reunião multifamiliar (Costa, 2003). Neste livro, aprofundamos a análise dos métodos sociátricos (Moreno,1972), dentre eles o sociodrama e o psicodrama. Enfatizamos que, para a escolha de quaisquer métodos socioterápicos, é necessário que o coordenador de grupos se especialize, para a aplicação adequada (Fleury e Marra, 2006; Marra e Fleury, 2008).

Os procedimentos são os planos de ação para o método terapêutico a ser usado após a formação do vínculo terapêutico. São as estratégias gerais que poderão ser usadas na intervenção. Trata-se de um planejamento que precisa ser aberto às mudanças, pois a dinâmica grupal deve prevalecer. Nesse sentido, o plano de ação é apenas um guia inicial, podendo ser adaptado criativamente pelo coordenador, ao deparar com as demandas do grupo no momento da intervenção. Assim, ainda que escrevamos detalhadamente como ocorrerá uma vivência terapêutica, se nos prendermos ao planejamento perderemos a dinâmica grupal, as pessoas e o *timing* delas. E isso pode ser danoso para o grupo. Na verdade, o foco é a criação com o grupo, e os planejamentos ocupam apenas o lugar de possíveis caminhos para esse encontro.

Cada método pode ter diversos tipos de procedimentos que nortearão os trabalhos. Por exemplo, ao usar o método da dinâmica de grupo em uma comunidade, o coordenador pode subdividir o grupo e, ao final, ter relatores que explanarão para todos a reflexão feita por cada subgrupo sobre o tema em questão. Pode pedir que todos escrevam, em uma cartolina, uma opinião sobre o tema, para que a reflexão aconteça por meio da escrita logo após a manifestação de todos. Num sociodrama temático, o diretor pode, por exemplo, aquecer o grupo com uma música relacionada ao tema e, logo depois, pedir para as pessoas se candidatarem a dramatizar uma cena; ou pode aquecer com um texto e dividir o grupo em subgrupos para estabelecerem uma reflexão e escolherem uma cena para ser dramatizada.

As técnicas são as intervenções terapêuticas específicas que auxiliam o coordenador e o grupo a avançar no método utilizado. Na sociatria temos, por exemplo, as técnicas fundamentais do duplo, do solilóquio, do espelho, da inversão de papéis e da interpolação de resistência. No capítulo a seguir, abordaremos cada uma delas. As técnicas são as propostas feitas pelo coordenador para que o indivíduo ou o grupo atuem de determinadas maneiras, para que continuem criando, conforme suas possibilidades. Essas intervenções são tentativas de ajudar indivíduos e grupos a sair dos bloqueios interacionais e encontrar soluções para as situações-problemas.

Podem ocorrer momentos em que o grupo interage e, espontaneamente, demonstra crescimento comunicacional e ampliação da percepção. Esse não é o caso de utilizar as técnicas, pois elas podem impedir o aquecimento grupal. Portanto, as técnicas são usadas conforme as hipóteses terapêuticas e nos momentos em que há impedimentos para a cocriação, para agilizar o manejo do tempo e para a busca da eficiência comunicacional ou da cena reparatória.

Os recursos são os materiais utilizados que auxiliam no aquecimento para a ação ou para a produção grupal. Dentre vários, temos: música, poesia, fantoches, sucata, fotos, luzes, filmes etc. As produções artísticas são excelentes recursos para auxiliar o coordenador a sensibilizar os membros do grupo em relação às suas dificuldades, para quebrar tensões ou ajudar na cocriação.

As hipóteses terapêuticas são os objetivos do coordenador decorrentes da compreensão da dinâmica grupal. As hipóteses estão vinculadas a um "prognóstico" instantâneo do coordenador sobre como satisfazer as necessidades dos indivíduos e do grupo. O coordenador percebe e intui do grupo, por exemplo, expressões ou ações que possam ajudá-lo a se libertar de seus sofrimentos no decorrer do processo socioterapêutico. As hipóteses terapêuticas dão a base para o uso das técnicas e dos recursos. Elas se formam continuamente na maior parte das manifestações do coordenador, inclusive em seu silêncio.

São as hipóteses terapêuticas que revelam a eficiência do *link* estabelecido pelo coordenador com o grupo, pois por meio delas ele cria com o grupo uma vivência liberadora ou uma experiência que amplia a compreensão da problemática vivida, assim como pode dificultar a manifestação da espontaneidade-criatividade dos membros.

As hipóteses terapêuticas brotam dos estados coconsciente e coinconsciente do grupo e estão ligadas aos seus desejos e necessidades. O coordenador percebe ou intui, por exemplo, a necessidade de encontrar o tema protagônico ou de ajudar o protagonista a se expressar, de produzir confrontos e buscar entendimentos, de tentar formas de expressar o que não foi falado ou aprofundar o que foi dito, de dar oportunidade de ter experiências que foram reprimidas, de fazer o que se arrependeu de não ter feito, de experimentar o novo ou de treinar respostas criativas.

Apresentaremos para o coordenador de grupos, de maneira sintética, a sociatria, rico ramo da socionomia para tratamento, intervenção e pesquisa dos grupos, criado por Moreno (1972, 1974). O autor e os psicodramatistas contemporâneos desenvolveram vários métodos sociátricos e de técnicas de ação que primam pela vivência dos temas, sofrimentos, situações-problemas e conflitos grupais, num contexto específico, buscando a liberação da cocriação. Nessa área, o coordenador de grupos é chamado de diretor, por se tratar de um conjunto de práticas terapêuticas derivadas também do teatro.

A sociatria contém vários métodos de ação terapêuticos: psicodrama, sociodrama, axiodrama, psicodrama bipessoal, jogos dramáticos, *role-playing*, teatro espontâneo, teatro de reprise, *playback theater*, teatro de criação, mitodrama, sociodrama familiar sistêmico, vivências terapêuticas, multiplicação dramática, retramatização, corpodrama, jornal vivo e metodologia sociodramática de ensino, entre outros.

A produção psicodramática que estuda os métodos sociátricos, principalmente no Brasil, é vasta. Neste momento, apresentaremos apenas um esboço dos métodos citados, para que o leitor se familiarize sobre o assunto.

O psicodrama, segundo Moreno (1974), é o método que busca a verdade por meio da ação. Ele trabalha o indivíduo no grupo, tentando objetivar sua mente, ou seja, seus dramas e conflitos, por meio dos papéis que serão representados no cenário psicodramático. Os participantes do grupo são convidados a dar vida ao drama de um membro. Esse participante se torna o emergente grupal, pois cataliza o drama coletivo em torno de si. Ele ou um dos personagens que ele trará para a dramatização se tornará o protagonista, ou seja, aquele que verdadeiramente agoniza primeiro e dá voz ao sofrimento de todos (Alves, 1999). O psicodrama pode ser utilizado como processo ou ato psicoterápico. No segundo caso, há apenas um encontro terapêutico com começo, meio e fim. O processo psicoterápico implica um conjunto de atos por meio do qual se forma um histórico do grupo.

O objetivo principal do psicodrama é uma criação conjunta que focaliza em um indivíduo do grupo, em seus sintomas psíquicos. Esse indivíduo será o caminho para as principais metas do tratamento: o autoconhecimento, a diferenciação eu-outro, a inversão de papéis e o tornar-se representante do drama coletivo por meio de processos identitários, de identificação e do compartilhamento grupal.

Psicodrama bipessoal é a psicoterapia psicodramática realizada com o psicodramatista e um paciente (Cukier, 1993, 2002). O terapeuta acumula as funções de diretor, ego-auxiliar (ator terapêutico) e plateia (observador participante). O cliente, de protagonista e de plateia. Pode ser um tratamento de longo ou de breve prazo, dependendo dos sintomas psicopatológicos do paciente.

A aplicação do método psicodramático é indicada exclusivamente para psicólogos ou médicos psiquiatras, pois seu foco são os conflitos intrapsíquicos, a psicopatologia e a psicodinâmica.

O sociodrama é um método sociátrico que trabalha os sofrimentos e conflitos grupais e interpessoais, focalizando os papéis sociais presentes, a sociometria e as influências socioculturais sobre os participantes (Moreno, 1984a; Monteiro e Carvalho, 2008). Os conflitos do grupo (em suas situações e temas protagônicos) são concretizados na dramatização de uma cena escolhida pelo grupo ou expostos por meio de recursos terapêuticos e todos tentam solucioná-los. Pode ocorrer que apenas um indivíduo traga a problemática grupal e, então, o conflito de todos é trabalhado por intermédio dele, que também se torna o protagonista. Nesse caso, o foco da intervenção é o da problemática grupal e social por meio de um indivíduo, de tal forma que sua dimensão intrapsíquica não é trabalhada.

Os sociodramas podem ser tematizados ou as situações-problemas podem surgir espontaneamente. Muitos sociodramatistas vão às comunidades ou às instituições trabalhar temas por elas escolhidos – por exemplo, sociodrama da aids, das drogas, da violência, da corrupção, da relação pais e filhos, da relação entre colegas de trabalho, chefes e funcionários, da ética, da cidadania, da família etc.

O sociodrama e os demais métodos que seguem podem ser usados por qualquer profissional (educador, assistente social, médico, enfermeiro, gestor de pessoas, pessoas que exerçam cargos de chefia ou de liderança, entre outros) que se interesse em trabalhar terapeuticamente com grupos.

Axiodrama é um tipo de sociodrama que focaliza os valores e as questões éticas do grupo. Visa fortalecer uma consciência crítica social e ampliar perspectivas de concretização da dignidade e da luta por direitos humanos (Moreno, 1984a).

Jornal vivo é o método sociodramático que tem por objetivo ampliar a compreensão de acontecimentos sociais e mobilizar a politicidade dos participantes. O grupo seleciona uma notícia de jornal e a reproduz dramaticamente, dando novas respostas aos fatos (Moreno, 1984a).

Mitodrama é um tipo de sociodrama que focaliza temáticas mitológicas e arquetípicas (Maciel, 2000). Contribui para o autoconhecimento.

Sociodrama familiar sistêmico é o método sociodramático conjugado com o sistêmico e tem o objetivo de realizar a terapia familiar (Seixas, 1992). A família leva para o palco psicodramático seus dramas, desencontros e sofrimentos para, em conjunto, tentar dar novas respostas a eles.

Jogos dramáticos são atividades terapêuticas que têm os objetivos de trabalhar temas tensos em um campo lúdico, propiciar a integração grupal, ampliar a compreensão da dinâmica grupal, favorecer a cocriação ou promover o autoconhecimento. Há vários tipos de jogos dramáticos e eles precisam ser usados de acordo com a demanda, o momento e o contexto grupal (Moreno, 1984a; Yozo, 1996; Motta, 1994; Datner, 2006). Muitos jogos podem se tornar aquecimento ou preparação para iniciar um psicodrama ou um sociodrama, pois são fontes para o surgimento de temas protagônicos ou de protagonistas.

Role-playing é o método sociátrico que tem o objetivo de treinar papéis sociais e os vínculos por eles formados, em qualquer área de nossa vida. Em geral, é usado em empresas e escolas para a formação de profissionais (Moreno, 1984a). Porém, terapeuticamente, o *role-playing* busca treinar a comunicação eficiente nas relações humanas em geral.

Teatro espontâneo é um método em que o grupo vive histórias contadas por ele ou por outros grupos, desempenhando livremente os personagens na dramatização (Moreno, 1984b). Por exemplo, ao dramatizar uma cena, os personagens espontaneamente ampliam seus *scripts* e o diretor permite a entrada de novos personagens ou introduz fatos surpreendentes. Trata-se de um método que contribui para o autoconhecimento, a integração de equipes e o desenvolvimento da espontaneidade-criatividade dos participantes.

Teatro de reprise é um tipo de teatro espontâneo por meio do qual um grupo de atores terapêuticos dramatiza cenas relatadas pelos membros de um grupo (Rodrigues, 2006). Essas cenas são preparadas pelos atores terapêuticos alguns minutos antes da apresentação. Nesse ínterim, o diretor mantém a plateia aquecida para a apresentação colocando, por exemplo, alguma música adequada ao que será encenado ou pedindo que imaginem a situação e os sentimentos envolvidos.

Play-back theater tem como base o teatro espontâneo. Nesse método, alguns participantes (ou atores terapêuticos) dramatizam uma cena relatada por alguém da plateia, porém eles não têm alguns minutos para definir a estrutura da dramatização (Fox, 1987). Assim que o relato da cena termina, os atores saem de um local, vão para o espaço cênico e interagem instantaneamente nos papéis apresentados pelo relator. Objetiva a catarse do espectador e a manifestação da espontaneidade-criatividade dos indivíduos que dramatizam.

Tanto o teatro de reprise quanto o *playback theater* se tornam mais terapêuticos à medida que acrescentam possibilidades reparatórias nas cenas, colocando um *plus* para que não se reproduza a cena pela cena. Pode-se, ainda, convidar o próprio relator a participar ou propor novas saídas ao bloqueio ou conflito que emergiu.

Teatro de criação também é um tipo de teatro espontâneo, centrado no desenvolvimento da criatividade dos participantes. O diretor utiliza vários recursos teatrais e cênicos (Reñones, 2000).

Vivência terapêutica é um método que se caracteriza por um conjunto de propostas para o grupo experimentar, previamente planejadas pelo diretor. Nesse método, segue-se com mais determinação o procedimento planejado. O diretor efetivamente dirige o grupo, apesar de correr o risco de perder sinais da dinâmica grupal a ser trabalhados ou que lhe indiquem a necessidade de outros caminhos a seguir. Porém, suas propostas têm base em estudos prévios sobre o grupo e os diversos recursos técnicos o auxiliam a promover o autoconhecimento das pessoas e o desenvolvimento relacional.

Multiplicação dramática é um método sociátrico por meio do qual as pessoas da plateia recriam a cena que está sendo dramatizada, com o uso de novos personagens ou novas cenas (Mascarenhas, 1996). Favorece um encadeamento de cenas, visando a compartilhamentos, desdobramentos e novas possibilidades de entendimentos e de respostas aos conflitos.

Retramatização é um método em que um grupo é subdividido em três subgrupos (denominados "1", "2" e "3"). No primeiro momento da atividade, o diretor faz um aquecimento para que os participantes pensem em cenas relacionadas a um tema (ou história de sua vida). Cada membro dos subgrupos escreverá sua cena escolhida. No segundo momento, as cenas que estão num subgrupo são encaminhadas para o subgrupo ao lado (as cenas dos subgrupos "1", "2" e "3" irão para "2", "3" e "1", respectivamente). Cada subgrupo produzirá uma história com base nas cenas recebidas. No terceiro momento, a história é levada para o subgrupo ao lado (ou seja, as histórias dos subgrupos "2", "3" e "1" irão respectivamente para "3", "1" e "2"). Após essa troca, cada subgrupo dramatizará a história, incrementando os *scripts* dos personagens (Liberman, 1995). Ao final da dramatização, a plateia pode interagir conversando com os personagens. É um método que visa ao desenvolvimento interacional, de equipe e a novas perspectivas de visão relacionadas ao tema.

Corpodrama é o método que trabalha o corpo e a memória corporal em cenas dramáticas (Kesselman e Kesselman, 2008). Um exemplo de procedimento de corpodrama pode ser: o diretor aquece o grupo pedindo que as pessoas entrem em contato com o corpo, sintam seus movimentos, suas áreas de tensão – e escolham uma dessas áreas. Pede que as pessoas imaginem que essa área de tensão se torne um personagem (imaginário ou real). Elas passam a fazer o papel desse personagem e se apresentam para os outros. Em algum momento, um dos personagens se torna o protagonista ou um grupo de personagens é destacado para ser trabalhado. Ao final da dramatização, o diretor pode solicitar que todos façam a expressão e o relaxamento corporal.

Metodologia sociodramática de ensino é o conjunto de métodos e técnicas sociodramáticas, facilitadoras do processo ensino-aprendizagem, que tem os objetivos do vivenciar para aprender e da construção coletiva do conhecimento (Romaña, 1992). Um educador ou palestrante pode usar essa metodologia, em qualquer área do conhecimento, para transmitir o conteúdo e ajudar os alunos a criar novas formas de compreendê-lo.

Por exemplo, após estudar o mapa do Brasil, os alunos podem escolher regiões ou Estados e torná-los personagens que interagem uns com os outros. O professor pode incrementar o diálogo usando técnicas de ação e acrescentando dados. Algum tema da história sobre índios ou negros no Brasil pode ser dramatizado, com um aquecimento dos alunos no papel dos oprimidos ou discriminados – e nos contrapapéis, sendo possibilitada a inversão de papéis. E, assim, o professor pode criar diversas formas ativas e vivenciais para dar vida aos conteúdos acadêmicos. Podemos ilustrar sobre a aprendizagem acadêmica e social de todos que vivem o método sociodramático de ensino com a figura 4.

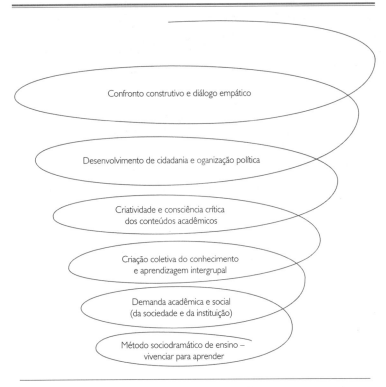

▶ **Figura 4** Espiral da aprendizagem coletiva com o método sociodramático de ensino

Nela sintetizamos as conquistas desse método que promove a vivência dramática dos conteúdos acadêmicos: uma evolutiva e constante aprendizagem dos conteúdos; aprendizagens interacional e afetiva; ampliação da consciência crítica social e da politicidade do estudante; liberação da sua espontaneidade-criatividade; criação conjunta do saber.

7. Técnicas socioterapêuticas e a unidade funcional

Apresentaremos os contextos, as técnicas e os elementos presentes nos métodos sociátricos. Ao atuar, o socioterapeuta (diretor) considera os três contextos que influenciam as interações humanas: o sociocultural, o grupal, o dramático. Seguem três etapas: aquecimento, dramatização e compartilhamento (há a quarta etapa, pertencente ao contexto socioeducacional, chamada processamento teórico). Dá vida a cinco elementos: diretor, ego-auxiliar, protagonista, plateia e palco. Apoia-se em cinco técnicas fundamentais: duplo, solilóquio, espelho, inversão de papéis e interpolação de resistência. O diretor pode atuar sozinho ou em unidade funcional – ou seja, em conjunto com um ego-auxiliar treinado, formando uma equipe terapêutica.

Devido à produção psicodramática sobre esse assunto (Monteiro, 1993; Aguiar, 1990; Monteiro, 2006; Moreno, 1974, 2006; Marra e Fleury, 2008), apenas sintetizaremos cada uma dessas partes dos métodos de ação.

Os contextos e as etapas da sessão

O contexto social é aquele em que os indivíduos exercem os papéis sociais, vivem suas identidades, as relações de poder, sofrem interferências e interferem na cultura e na história da sociedade. O contexto grupal é aquele em que os indivíduos se encontram para viver o método sociátrico. Eles viverão o papel social de colegas pertencentes a um grupo terapêutico (ainda que seja em um encontro). A função do diretor é ajudá-los a desenvolver um clima afetivo de confiança e de segurança para a exposição dos conflitos vividos no contexto social.

O contexto dramático é vivido no palco psicodramático, um espaço apropriado para a dramatização, ou seja, para a revivência de situações-problemas. Esse contexto torna possível a criação de uma realidade suplementar, por meio da qual as experiências imaginárias contribuem para a resolução de conflitos. Trata-se de encenar os desejos (Gonçalves, 1990). Os papéis psicodramáticos serão desempenhados e promoverão uma catarse de integração, que transferirá o aprendizado vivencial para os papéis sociais.

A etapa do aquecimento é o momento em que o diretor e o grupo se preparam para um encontro terapêutico e buscam conjuntamente o protagonista ou o tema protagônico a ser trabalhado. Nessa etapa, o diretor utiliza vários recursos e técnicas para que o grupo se aqueça para o evento. Ele pode usar iniciadores mentais (por exemplo, pedir que os membros pensem em silêncio sobre o tema), corporais (como solicitar que os participantes caminhem, movimentem o corpo e nele detectem como vivem um tema), imaginários (pedir que visualizem uma imagem sobre o tema, por exemplo), ou usar diversos recursos técnicos como música, textos ou fantoches. O aquecimento visa mobilizar os sujeitos a participar das polêmicas e dos conflitos que forem emergindo no encontro.

O aquecimento é fundamental para a manifestação da espontaneidade-criatividade dos participantes de um método sociátrico. Ele é o mote para a criação coletiva, e o diretor deve fazer uso de técnicas e recursos para mantê-lo ao longo do evento.

A dramatização é o momento em que todos se congregam para vivenciar o drama grupal, dar-lhe concretude, vida e uma realidade suplementar no contexto dramático. A imaginação é a base do espaço psicodramático. Ocorre o "como se", que torna o discurso objetivo, por meio dos papéis psicodramáticos ou sociodramáticos. Nesse espaço, há um aprofundamento ou vivência do tema/problema por meio de cenas, interações e personagens, e é quando os participantes experimentam as respostas novas em relação a um conflito.

Essa etapa pode ocorrer em forma de ação dramática, sem a utilização do palco psicodramático. É quando, por exemplo, o diretor, na conversação, solicita que um membro do grupo desempenhe o papel de alguém, em vez de falar dele, entrevistando-o nesse papel. Também são formas de ação dramática o método da terapia da relação, criado por Fonseca (2000), e a técnica da cadeira vazia de Pearls (1977).

O diretor ainda pode usar o confronto sociométrico com técnicas de ação quando os participantes explicitam problemas relacionados, por exemplo, às dificuldades nos papéis, aos bloqueios na comunicação, às suas escolhas, à distribuição da afetividade e do poder no grupo. O diretor pode também usar técnicas ativas na interação do contexto grupal, buscando a participação e a opinião da maioria sobre o tema protagônico, ou ajudar o protagonista a explicitar os conflitos.

A fase do compartilhamento é aquela em que as pessoas expressam como se sentiram durante o trabalho realizado, o que perceberam de si próprias, o que a cena e os papéis desempenhados expõem de sua vida. Expressam também sua identificação com o protagonista. Nesse momento, o diretor treina o *feedback* eficiente, o compartilhar e a linguagem dos sentimentos, em substituição ao julgamento, aos aconselhamentos e às críticas. É uma etapa primordial para a integração do grupo, para o resgate da solidariedade, da empatia e da percepção do sofrimento de todos os envolvidos no dilema.

Processamento teórico é a etapa em que, em particular na metodologia sociodramática de ensino, logo após a etapa do compartilhar, o diretor-educador, junto com o grupo, aprofunda os conteúdos teóricos do tema abordado e faz uma análise sociocultural do momento do grupo. É a hora em que a aprendizagem acadêmica e interacional resultante do método de ação é explicitada.

Os elementos da sessão

A sessão sociátrica tem cinco elementos: o diretor, o ego--auxiliar, o protagonista, a plateia e o palco psicodramático. O diretor é um psicodramatista que tem a função de produzir o evento sociátrico. Sendo o responsável pelas intervenções terapêuticas e pedagógicas no grupo, propõe o uso de métodos e técnicas, conforme suas hipóteses terapêuticas ou de ensino. Suas leituras da sociodinâmica, da sociometria, dos processos identitários e dos exercícios de poder contribuirão para formular as hipóteses de intervenção e buscar o foco do trabalho. É fundamental que promova um aquecimento favorável à construção coletiva e que resulte no bem-estar de todos.

Ao produzir a sessão sociátrica, o diretor busca o foco do conflito do grupo, o que bloqueia a sua espontaneidade-criatividade ou que gera sofrimento ou sintomas patológicos. Esse foco precisa ser detectado dentro de um *timing* apropriado para que o evento seja, de fato, terapêutico. Por isso, é preciso evitar aquecer pouco ou superaquecer o grupo e prejudicá-lo ou perder o tempo da intervenção.

Notemos que o diretor, embora em papel hierárquico diferenciado, é um membro do grupo que vive empaticamente os dramas que emergem e necessita seguir a sociodinâmica para a cocriação. As características de personalidade primordiais para um diretor são (como já explicitamos em capítulos anteriores): sensibilidade, capacidade empática e habilidade para encontrar e trabalhar terapeuticamente o protagonista. Sem isso, o diretor usa o método pelo método, a técnica pela técnica, e torna-se um "vivenciólogo", ou seja, aquele que comanda o grupo em um método socioterapêutico, impondo sua autoridade e as hipóteses fundadas em suas próprias ideologias.

O ego-auxiliar treinado é um psicodramatista que tem a função de "diretor-assistente". Ele auxilia na condução do diretor e contribui para que a produção sociodramática atinja os objetivos terapêuticos, favorecendo o rendimento das técnicas ativas. Tem as funções principais de ter sintonia com a dinâmica do grupo e do protagonista (principalmente em termos afetivos), desempenhar personagens e ser um ator terapêutico na dramatização.

Por exemplo, na cena dramática, o ego-auxiliar treinado, quando o diretor solicita ou quando percebe que essas intervenções serão fundamentais para o aprofundamento ou resolução do conflito, entra como personagem, ajuda o protagonista a se expressar, faz o papel do protagonista. O diretor pode atuar com o ego-auxiliar treinado, formando uma unidade funcional. Veremos, logo a seguir, que tal unidade tem suas especificidades.

O ego-auxiliar não treinado é qualquer membro do grupo que, a convite do diretor ou do protagonista, contribui para a produção sociodramática, por exemplo, ao se tornar um personagem na dramatização.

O protagonista é o membro do grupo que expõe seus dramas e por meio deles expõe e traduz o sofrimento grupal. É o "primeiro que clama" pelo grupo e dele recebe o respaldo. Muitas vezes, porém, o protagonista pode surgir na dramatização e o indivíduo escolhido pelo grupo era apenas o emergente grupal (Alves, 1999). Também ocorre de o próprio grupo ser o protagonista de uma intervenção sociátrica, quando, por exemplo, ele precisa ser trabalhado sociometricamente ou apresenta tensão e bloqueios comunicacionais. Ainda há ocasiões em que surgem temas protagônicos, ou assuntos muito relevantes a serem tratados pelo grupo, para que se amplie a compreensão dos conflitos interpessoais ou sociais.

A plateia é composta por participantes do grupo que, no momento da dramatização, enquanto não realizam algum papel psicodramático, assistem ao que ocorre. O diretor usa de recursos e técnicas para manter a plateia na função de observadora-participante. Ela, a qualquer momento, participará da dramatização. É importante que o diretor esteja atento aos sinais, para que a vivência dos conflitos seja significativa para os membros da plateia e para que haja um aprendizado coletivo e a possibilidade do compartilhar com o protagonista.

O palco psicodramático é o espaço para a ação que, na maioria das vezes, ocorre no campo imaginário ou no "como se". No espaço para a ação, os papéis sociais tornam-se papéis psico ou sociodramáticos, pois os atores vivem uma realidade suplementar propiciadora de um texto único, *in status nascendi*, criado conjuntamente. Na realidade suplementar, as interações são de um sujeito-protagonista e de sujeitos, que são autores e atores da vida em reconstrução e em revisão. Os sujeitos do grupo atualizam papéis que estão em estado potencial e encontram personagens espontâneos-criativos que expressam os estados coconscientes e coinconscientes.

Os espaços para a imaginação e para o desempenho de papéis psicodramáticos contribuem para que a dimensão da fantasia esteja implicada na sociatria e para o desenvolvimento do diálogo empático. Há momentos em que o palco psicodramático se torna eminentemente sociodramático, quando os personagens do drama estão presentes, *in loco*, exercem seus papéis sociais no palco psicodramático, confrontam-se sociometricamente e exercem poder. Porém, em geral, há a mistura de personagens exercendo papéis psicodramáticos (para representarem os membros ausentes de um grupo) e papéis sociodramáticos.

Diante dos contextos, das etapas e dos elementos da sessão, é imprescindível que o diretor respeite o contrato socioterápico, os contextos de seu trabalho, e facilite a continência grupal para a emergência do protagonista, a vivência dos conflitos, as dramatizações e o compartilhar.

As técnicas de ação fundamentais

Em síntese, as técnicas de ação fundamentais dos métodos sociátricos são: duplo, solilóquio, espelho, interpolação de resistência e inversão de papéis. Todas as demais técnicas são derivadas delas. Essas técnicas surgiram do desenvolvimento de processos relacionais e grupais. A técnica do duplo é originária da função ego-auxiliar da mãe com o bebê, pois ela tenta traduzir as necessidades da criança e realizá-las para que ela sobreviva física e psiquicamente.

Nessa técnica, o diretor ou o ego-auxiliar treinado se coloca ao lado do protagonista ou do antagonista, posiciona-se corporalmente como este e intui seus sentimentos. A partir daí, expressa as emoções que ele não consegue expressar. Após se imaginar no lugar do outro e se expressar por ele, o diretor pergunta se é isso que ele sente e quer dizer. A técnica contribui para a ampliação da expressão, melhoria da comunicação, revelação de conteúdos coinconscientes e para a segurança de que o terapeuta acompanha a realidade interna do protagonista em seu drama.

O solilóquio provém da experiência da diferenciação eu-outro, quando o eu se percebe e se expõe diante de uma situação. O diretor pergunta aos membros do grupo ou aos personagens de uma cena o que estão pensando ou sentindo. Essa técnica contribui, por exemplo, para que o protagonista se expresse mais profundamente e para que novas possibilidades de intervenção terapêuticas surjam.

O espelho é o momento em que a diferenciação eu--outro é explicitada. É quando refletimos sobre nossas ações em uma situação ou nos imaginamos nela, como se fosse uma "metavisão" de nós mesmos, de nossas respostas à situação e da resposta do outro. É uma técnica que revela a experiência típica da criança ao se olhar no espelho e se perceber diferenciada do outro. O diretor solicita que o protagonista ou algum membro do grupo se observe em uma cena ou em algum momento grupal. Durante essa cena, um ego-auxiliar desempenha seu papel. Ao se ver, o protagonista tem a oportunidade de refletir de forma diferenciada em relação aos próprios comportamentos e ao outro na situação, e de ter novos *insights*.

Inversão de papéis é derivada do desenvolvimento comunicacional e da aprendizagem dos papéis sociais da criança. Ela, naturalmente, toma o papel do outro e pede que o outro tome o dela, para aprender a lidar com seu ambiente social. É a técnica em que o diretor pede que o protagonista se coloque no lugar do antagonista e vice--versa, para que eles possam viver o papel do outro e reagir conforme sua visão de mundo.

Trata-se da técnica mais terapêutica do método sociátrico. Ao vivê-la, tanto o protagonista quanto o antagonista ampliam as capacidades imaginativa e intuitiva um do outro, recompõem suas condutas e refazem seus sentimentos. Torna-se possível trazer para o diálogo conteúdos que estavam no coinconsciente. Essa técnica é fundamental para a ampliação da capacidade empática dos envolvidos no processo e para a compreensão das funções e dos papéis latentes e sociais de cada um no grupo.

Interpolação de resistência é resultante dos obstáculos que a realidade ou as relações nos impõem para que possamos, por exemplo, perceber nossos limites, nossos abusos de autoridade ou para que nossa criatividade se apresente para lidarmos com situações adversas. É a técnica em que o diretor apresenta um conteúdo novo para uma cena dramática ou faz um parecer que provoca alguma surpresa para o protagonista e para os elementos do grupo. A introdução de elementos novos ou que surpreendem contribui para o protagonista liberar sua espontaneidade-criatividade em relação ao conflito.

Todas as técnicas são usadas conforme as hipóteses terapêuticas do diretor e a criação conjunta. Elas têm por objetivos, dentre tantos, desvelar tramas ocultas, projetos dramáticos latentes nas cenas e conteúdos coinconscientes, permitir a ação de papéis latentes, a melhoria da percepção, a busca da verdade interior, a comunicação mais eficiente nas relações e nos grupos, o desenvolvimento de um novo *status nascendi* relacional e da criatividade. Elas favorecem as resoluções de conflitos na dramatização, porém podem ser adaptadas às intervenções verbais do diretor (Nery, 2003).

Da unidade funcional

Em um método sociátrico, o diretor pode trabalhar com outro socioterapeuta, que exercerá o papel de ego-auxiliar.

Juntos, formarão a unidade funcional ou a equipe terapêutica. Esta, para ser eficiente, depende da escolha sociométrica dos parceiros, da sintonia dos terapeutas e da delimitação clara de seus papéis. Destacamos as seguintes atribuições que contribuem para o bom desempenho da unidade funcional.

1 – O diretor de um método sociátrico espera que o ego-auxiliar:
• Colabore com ele nos aquecimentos, participando das consignas.
• Capte constantemente o clima emocional do grupo e do protagonista.
• Colabore com a organização das músicas, luzes, uso de fantoches e de outros objetos intermediários.
• Transmita as consignas para os membros que chegam atrasados no evento.
• Participe temporariamente como codiretor nos subgrupos, ajudando-os a organizar suas ideias e cenas ou a compartilhar.
• Atue em algum papel, contra-papel ou personagem, quando o diretor solicitar.
• Ajude o protagonista ou algum participante na cena a exercer seu papel, fazendo duplos, orientando, mostrando aspectos do personagem ou sua corporalidade.
• Desempenhe livremente algum papel ou faça duplos do protagonista ou do antagonista, quando perceber a necessidade de contribuir para que o conflito emerja ou para que respostas novas surjam.
• Acompanhe o momento e a atmosfera afetiva grupal, para dar *feedbacks* para o diretor ou expressá-la, se necessário, como um duplo do grupo ou de algum membro.

• Contribua no compartilhar, particularmente no que se refere aos sentimentos das pessoas no grupo, com *feedback* compreensivo da dinâmica grupal e continente das emoções.

• Contribua para o processamento teórico do diretor, fazendo as leituras socionômicas, e o ajude a transcrever as sessões.

• Dê suporte para alguma pessoa do grupo que possa se "descompensar" durante o encontro terapêutico.

2 – É importante que o ego-auxiliar:

• Ajude na exposição do conflito, evidenciando cenas ocultas, personagens, emoção, contribuindo com técnicas de duplo.

• Ajude na expressão dos sentimentos, em uma cocriação com a plateia (ou membros do grupo).

• Tenha prontidão para o uso de técnicas de ação e para o desempenho de papéis necessários e latentes.

• Dê adequação ao desempenho dos papéis sociodramáticos, com a devida expressão corporal e dinâmica afetiva.

• Ajude o grupo a seguir a dramaticidade da cena ou dos conflitos.

3 – Ao longo da intervenção, a unidade funcional (diretor e ego-auxiliar) deve fazer as seguintes perguntas:

• Quais personagens conservados surgem no drama? Quais suas lógicas afetivas de conduta?

• Quais personagens estão surgindo, por surgir, ou faltando nesse drama, para ele ser mais explicitado e/ou resolvido?

- Qual o conflito profundo (do protagonista ou do tema) a ser expresso?
- Qual a emoção mais íntima ou temida a ser explorada?
- Qual o resgate necessário?
- Qual realidade suplementar possível?

4 – A unidade funcional, no contato com a plateia, busca:
- Captar a emoção da plateia e eventualmente fazer duplo ou explicitar seus solilóquios.
- Ajudar na definição dos personagens que entram e no aquecimento deles.
- Tentar a cocriação com a plateia.

5 – A função primordial do diretor é se aquecer e aquecer o grupo para a vivência de seus dramas. O diretor, para explorar mais a cena dramática, precisa:
- Usar sua habilidade de leitura da sociodinâmica e suas capacidades intuitiva e empática para o desenvolvimento de hipóteses terapêuticas.
- Buscar o foco do conflito para iniciar a intervenção em tempo hábil ao do encontro.
- Utilizar as técnicas de ação conforme a sociodinâmica e quando necessárias para que as interações na cena voltem ao seu fluxo criativo. As técnicas são: duplos, espelho, solilóquio, inversão de papéis, duplos múltiplos, interpolação de resistência, com repetições de cena, cena em câmera lenta, maximização, introdução de novos personagens etc.

- Aquecer os personagens da cena, com entrevistas ou sugestões breves; por exemplo, pense em sua história, como nasceu, quem é, como surgiu seu nome, sua família, amizades, fatos da vida, o que faz... Deve-se privilegiar a interação dos personagens às entrevistas dos personagens, para que a revivência da cena seja priorizada.
- Manter o tempo presente e a distinção dos personagens em relação ao "eu" do protagonista. Por exemplo, "Eu fico com medo de cair" ou "Ai! Eu vou cair!" é o sentimento do medo expresso *pelo* protagonista. O personagem "medo" é o sentimento do protagonista concretizado, que expressa *para* o eu do protagonista: "Você vai cair!" Essa distinção é fundamental para a interação, de forma adequada, dos personagens em cena.
- Enfatizar os conteúdos mais fortes da relação.
- Tentar explicitar as cenas ocultas, seus personagens e emoções.
- Explorar os vínculos interno e externo, em várias possibilidades, tais como: imagens, sentimentos, ritmo e interação.
- Favorecer a expressão do papel latente e do sentimento negativo concretizados no personagem.
- Fazer o percurso transferencial, em intervenção psicodramática, relativo às cenas passadas, quando considerar apropriado.
- Trabalhar a criação conjunta, de acordo com o momento do protagonista ou do grupo, na direção vertical (cenas passadas ou futuras relacionadas ao drama) ou horizontal (aprofundamento da cena atual).
- Escolher, de acordo com o momento do grupo, os níveis real, simbólico ou imaginário para a produção da revivência.

- Conquistar a estética da cena e usar atalhos para aproveitar o tempo com mais qualidade.
- Buscar a cena reparatória, em consonância com a sociodinâmica; por exemplo, o "observador" que ajuda o "sofredor", o protagonista que entra em cena com sua força terapêutica, tentativas de novos modelos de ajuda, limites aos modelos negativos, continência às emoções e fantasias.

6 – Em relação à plateia, o diretor pode:
- Buscar contribuições, questionando, por exemplo: O que querem desta cena? Quais correções sugerem nesta cena? Como melhorar a estética da apresentação? O que falta nesta cena? Quem pode fazer tal personagem? O que tem a dizer para os personagens?
- Promover o diálogo plateia-personagem.
- Fazer duplos da plateia, eventualmente.

Todas essas atribuições da unidade funcional são conquistadas por meio da leitura da sociodinâmica, do estudo e da prática sociátrica. São atividades que, juntamente com as hipóteses do diretor, as bases teóricas e a sensibilidade para os dramas do grupo, promovem a ampliação do coinconsciente, o diálogo empático e o encontro terapêutico.

A unidade funcional precisa conversar sobre o trabalho realizado e o que está por vir, sobre suas dificuldades técnicas e questões de poder na relação. É importante tentar reformular constantemente os sentimentos, projetos dramáticos e as identificações presentes desde a escolha sociométrica (atuação do fenômeno tele) para a parceria. Isso promove o desenvolvimento da empatia entre diretor e ego-auxiliar.

8. O sociodrama: um método de intervenção e de pesquisa social

O sociodrama se constitui em um rico método de pesquisa e de intervenção em conflitos grupais e pode ser utilizado por diversos profissionais que trabalham com grupos (Nery, Costa e Conceição, 2006). O sociodrama e os demais métodos sociátricos concretizaram as ideias epistemológicas de Moreno (1972) de estudar os processos grupais de uma situação-problema por meio da ação/comunicação das pessoas em seus contextos sociais.

Porém, trata-se de uma pesquisa interventiva, pois, dentre vários objetivos, busca, por exemplo, dar voz aos atores sociais, principalmente às minorias – dentre elas crianças, prostitutas, negros, prisioneiros, homossexuais, idosos, mulheres –, ajudar pessoas e grupos que sofrem violência, melhorar as relações humanas em diversos ambientes sociais e contribuir para a emancipação dos oprimidos. Esses indivíduos e grupos, em uma dramaturgia espontânea, protagonizam seus dramas, buscam saídas para seus conflitos e desenvolvem a dignidade e a cidadania.

O primeiro sociodrama aconteceu logo após a Primeira Guerra Mundial, em 1921, na cidade de Viena. Numa tentativa de amenizar o sofrimento resultante desse contexto histórico, Moreno (1984a) colocou uma poltrona no palco de um teatro e pediu aos integrantes da plateia que a ocupassem e se tornassem o rei do país e, então, começassem um reinado, sugerindo projetos econômicos e sociais. Ele tentou ampliar a participação dos cidadãos na resolução dos conflitos na Áustria. Já naquela época, Moreno era um representante da "terapia com qualidade política" (Demo, 2002, p. 120), ao tentar desenvolver a politicidade dos indivíduos que a ela se submetessem.

Segundo Moreno (1984a, p. 413-5):

> O verdadeiro sujeito do sociodrama é o grupo. [...] Há conflitos nos quais estão envolvidos fatores coletivos [...] supra-individuais [...] e que têm que ser compreendidos e controlados por meios diferentes. [...] pode-se, na forma de sociodrama, tanto explorar, como tratar, simultaneamente, os conflitos que surgem entre duas ordens culturais distintas e, ao mesmo tempo, pela mesma ação, empreender a mudança de atitude dos membros de uma cultura a respeito dos membros da outra.
>
> Proporciona-se ao grupo uma experiência específica, a dramatização, que produz a realidade suplementar. Tal reali-

dade articula a fala, o diálogo e as interações sociais à expressão do mundo imaginário. Para Moreno (1972), os métodos sociátricos, quando abarcam a ação grupal e a imaginação, desenvolvem a ciência da psicoterapia do encontro. Em linha semelhante, Pettigrew (1998) afirma que as experiências de contato intergrupal ótimo: produzem a aprendizagem sobre o exogrupo, podendo acarretar redução de preconceito; pressupõem a formação de laços afetivos e as emoções, da mesma forma que a cognição; agem como uma forma inicial de modificação de comportamento que pode ser precursora de uma mudança de atitude.

A encenação dos conflitos sociais e políticos deve levar as pessoas a cocriar e a viver a catarse de integração, numa perspectiva de entendimento e de desenvolvimento social. Para Kellerman (1998, p. 52): "A administração dos conflitos se transforma numa tarefa que é, no mínimo, tão importante quanto ajudar os sobreviventes a lidar com suas experiências traumáticas". O autor aponta o sociodrama como um dos recursos do terapeuta de grupo para essa tarefa e apresenta três tipos de aplicação: o sociodrama da crise, o político e o da diversidade.

O sociodrama da crise tem o foco sobre o trauma, e o ideal é a homeostase dos grupos. Busca-se ajudar o grupo a enfrentar melhor as tensões sociopsicológicas e a encontrar novo equilíbrio social. O sociodrama político tem o foco sobre a desintegração, e o ideal social é a igualdade. Os temas são a desintegração social, a estratificação e a desigualdade como manifestações de conflitos socioeconômicos. Pretende-se impulsionar a sociedade na direção de maior justiça e equidade sociais.

O sociodrama da diversidade trabalha com conflitos advindos de estereótipos, preconceitos, racismo, intolerância, estigmatização e/ou atitudes negativas contra pessoas consideradas diferentes. Procura-se respeitar as diferenças e transcendê-las, quando geram processos identitários que causam violência ou compartimentalizam a humanidade em grupos mutuamente exclusivos e isolados.

A socionomia tem produzido intervenções, subsidiando a ampliação da busca de soluções para sofrimentos sociais. Sociodramas são realizados no mundo todo – Dalmiro Bustos dirigiu sociodramas políticos na Argentina, durante a Guerra das Malvinas; Márcia Karp, na mesma época, realizou alguns na Inglaterra; Mônica Zuretti, na Alemanha, no período das eleições de extremistas de direita (Kellerman, 1998).

No Brasil, em 2002, a Prefeitura de São Paulo propôs um dos maiores eventos sociodramáticos do mundo, ao convidar dezenas de sociodramatistas a realizar sociodramas com os cidadãos paulistanos e colher propostas para a gestão da cidade. Diversos temas e problemas foram dramatizados e as sugestões foram encaminhadas para a Prefeitura. Foi uma grande oportunidade para, em atos sociodramáticos políticos espalhados pela cidade, o indivíduo se manifestar em relação aos seus direitos e reivindicá-los (Cesarino, 2004).

A produção brasileira resultante das intervenções sociátricas cresceu muito e tem sido registrada com o apoio de Fleury e Marra (2005a; 2005b; 2005c; 2005d). Muitos psicodramatistas expõem relevantes trabalhos nas áreas de saúde, organizações, direitos humanos, psicologia jurídica e comunidade, demonstrando o esforço para a realização da utopia moreniana da sociatria para a humanidade. Os estudos psicodramáticos brasileiros têm sido reconhecidos mundialmente e estimulam outros países a participar dessa grandiosa empreitada.

Os trabalhos dos psicodramatistas do Brasil, em diversos contextos, ampliam as categorias de Kellerman (1998), indicando que há uma infinidade de maneiras de aplicar o sociodrama e os métodos sociátricos. Eles se adéquam às demandas de intervenção socioterapêuticas e aos estudos a ser realizados na sociedade.

Epistemologia da pesquisa social e sociodrama

A especificidade das ciências humanas sugere adaptações quanto aos critérios de cientificidade – dentre eles rigor, objetividade, validade, fidedignidade, universalidade e possibilidade de generalização por inferência (Nery, 2007). A prática da pesquisa é o diálogo entre todos os componentes constitutivos do ser humano: psíquico, interpsíquico, social, histórico e cultural. Trata-se de um processo interacional observador/observado. No campo social, a ação-tempo-espaço apenas existe na presença de outro sujeito.

O uso do sociodrama para adquirir conhecimentos traz a necessidade de aprofundar os estudos dos fenômenos relacionados à troca mental específica que ocorre num vínculo, num grupo e na sociedade. Nesse sentido, observa-se que há limites na conceituação e na quantificação, há limites na observação – e a vivência, segundo Geertz (1989) e Moreno (1974), deve ter prevalência.

Além disso, enfatizamos que tudo tende a sufocar o grito de guerra do terapeuta-pesquisador contra diversas injustiças sociais. No entanto, tudo que o enfurece permanece. Então, segundo Holloway, só lhe resta gritar o horror e o sonho de libertação, na busca do resgate da construção conjunta. Segundo o autor, "diante da mutilação de vidas humanas provocada pelo capitalismo, um grito de tristeza, de horror, de raiva, um grito de rejeição: NÃO!" (Holloway, 2003, p. 9). Por meio do grito do cientista, a ciência se politiza e integra o ser, o social e o conhecer.

Em ciências sociais, o desafio é a pesquisa complexa, com politicidade, revendo o pesquisador como um ator do processo. Para Foucault (2002), os regimes de verdade e os exercícios de poder emaranham todo cientista às práticas sociais e aos enunciados de saberes. Geertz (1989) e Santos (1998) valorizam o saber local e o senso comum, trazendo para a ciência novas noções de tempo/espaço impregnadas de novidade e do presente. Santos (2003) luta por uma sociologia das ausências e da urgência, ao criticar a epistemologia ocidental e concluir que é o momento de resgatar as verdades caladas pelas verdades dos conhecimentos ocidentais. Morin (2002) afirma que a experiência científica clássica reduz o pensamento ao atribuir a "verdadeira" realidade aos elementos, não às totalidades, e valor aos enunciados formalizáveis e quantificáveis, não aos seres. Segundo o autor, o princípio da complexidade tenta superar o princípio da explicação: busca-se estabelecer a conexão entre o objeto e o ambiente, a coisa observada e o observador e, dessa maneira, analisá-los, tentando apreender a problemática da organização em suas partes e no todo.

A epistemologia das últimas décadas do século XX recoloca os processos de subjetivação na ordem da comunicação intersubjetiva, reconfigurando também os métodos de investigação e de intervenção científicas (Morin, 2002; Grandesso, 2000). Os pesquidadores tentam encontrar métodos cada vez mais eficientes para captar o "ser social", mantendo a unicidade "de sujeito" e "social" de tal forma que o *socius* se integre à sua constituição.

Conjugando os grandes epistemólogos atuais, Grandesso (2000) alerta para os obstáculos relacionados ao estudo da subjetividade e à reconstrução do significado. A autora contribui para a pesquisa no sentido de realizá-la de acordo com as especificidades da área clínica, analisando a intensa interferência entre os sujeitos envolvidos, o processo histórico de cada um e o contexto cultural.

No início do século XX, Moreno (1972, 1974) antecipava as questões epistemológicas e metodológicas apontadas anteriormente. A epistemologia socionômica se alicerça no princípio de que a expressão da subjetividade advém da mais pura ação, manifesta da espontaneidade-criatividade – fator primordial e intermediário entre os genes e o ambiente, que fornece plasticidade, originalidade, dramaticidade e adequação às respostas vitais do ser humano e o faz evoluir.

Para Moreno (1984a), a ciência social necessita de métodos de ação e de interação para que o ser humano se pesquise em sua essência, de preferência *in situ*, onde ele se manifesta em todas as suas dimensões. Isso porque, se o subjetivismo for levado a sério, assume um caráter "quase objetivista" que submete os fenômenos à "mensuração". A "validação existencial" acaba com a dicotomia objetivo/subjetivo na ciência. As validações existenciais e científicas não excluem uma à outra, pois são construídas num *continuum*.

A socionomia, ao realizar pesquisas sociais, pertence ao paradigma subjetivista/construtivista/interpretativo e ao da complexidade. O paradigma subjetivista/construtivista/interpretativo aprofunda a análise de diversas questões, dentre elas os vieses da subjetividade do pesquisador e as garantias de critérios de rigor para a pesquisa, em suas dimensões ontológicas, epistemológicas e metodológicas (Brydon--Miller, 1997). O paradigma epistemológico da complexidade de Morin (2000) revoluciona o olhar positivista da prática e da pesquisa clínica na psicologia e das ciências humanas, ao promover uma compreensão transdiciplinar dos complexos fenômenos sociopsíquicos.

Com essas visões teóricas e epistemológicas da socionomia, concluímos que o conhecimento sem posicionamento é frio, inóspito e vazio. O conhecimento que fundamenta uma ação para o bem comum, visando à renovação da alma humana e da coletividade, é vital. Porém, quais métodos são utilizados para pesquisar os grupos em determinadas práticas sociais? Quais técnicas participativas, mais próximas da realidade, podem contribuir para o conhecimento, por exemplo, das interações entre os diversos sujeitos relacionados à política social? Como manejá-las? De que forma a subjetividade e a intersubjetividade interferem nessa prática de pesquisa e de avaliação? Como controlar as regras científicas do rigor, da validade e da fidedignidade no universo da intersubjetividade?

A maioria dos métodos de pesquisas sociais se restringe a fazer quantificações e categorizações e tem seu lugar na produção de conhecimentos. Porém, focalizamos a importância dos métodos participativos fomentados pela sociologia, pedagogia e assistência social críticas, dentre os quais os métodos etnográficos, a pesquisa-ação e os debates sociopolíticos. O cientista social pode, ainda, alicerçar-se em métodos dinâmicos e ativos de pesquisa e de intervenção na sociedade. No Brasil, por exemplo, temos as contribuições da pedagogia crítica de Paulo Freire (1976) e o teatro do oprimido de Augusto Boal (1977). Desenvolvidos em plena época de ditadura militar, esses métodos contribuíram para a expressão de tanto sofrimento que sangrava em silêncio político. Acreditamos que os métodos sociátricos desenvolvidos pela socionomia contribuem para o estudo e para a discussão sobre o lugar do *socius* em pesquisa social, pois, diante de uma postura ética, eles revelam as estruturas ocultas dos fenômenos psíquico e social.

Em um sociodrama, por exemplo, o diretor-pesquisador é acompanhado por colaboradores (egos-auxiliares) que têm a função de reforçar a participação e a ação dos membros do grupo no evento. Tecnicamente, o diretor segue as etapas propostas por Moreno (1972, 1974), descritas no capítulo anterior, para que todos se mobilizem e participem do sociodrama. Cada sociodrama é uma experiência única e irrepetível. Porém, na vivência do momento, esse método esboça as conservas culturais – dos grupos e indivíduos – que nos ajudam a desvelar as tramas ocultas presentes na matriz sociométrica.

Os princípios fundamentais do método sociodramático (Moreno, 1974) são: todos os estímulos do presente contribuem para a criação imediata, pois passado e futuro se encontram na produção atual; o processo é experimental e pioneiro para tornar a pesquisa ativa e profunda; a livre atuação complementa a associação de palavras e o espaço tridimensional, em qualquer ambiente, concretiza as vivências interiores. Esses princípios se coadunam com a epistemologia histórica-estrutural, que busca na dinâmica o que há de padronizado, mas, ao mesmo tempo, tenta captar o máximo de sua fluência e das mudanças na identidade (Demo, 2003a).

Tentamos refletir sobre as questões metodológicas e epistemológicas da pesquisa clínica do indivíduo ao grupo e dos avanços das intervenções socioterapêuticas. A história nos apresenta que, do diagnóstico e tratamentos fisiológicos, avançamos para o escutar o sujeito e para as relações interpessoais e grupais (Nery, 2007; Nery e Costa, 2008). Esses avanços nos apresentam as inovações na prática socioterápica e nas descobertas dos fenômenos grupais.

Porém, um grande complicador da questão epistemológica relacionada aos métodos de ação (e que precisa ser aprofundado) é o uso da imaginação como uma importante fonte de conhecimento e de aprendizado emocional e relacional (Gonçalves, 1990; Weeks e Rubini, 2002). No contexto psicodramático, a cena produz um conhecimento peculiar, pois acontece principalmente no terreno do imaginário. O campo imaginário nos impõe, como alerta Gonçalves (1990), a necessidade de rever a questão da sintaxe das imagens dramáticas produzidas pelo protagonista ou pelo diretor. Esse é um dos principais desafios do psicodramatista--pesquisador, pois, ao trazer a imaginação para o conhecimento científico, há implicações para a pesquisa qualitativa, principalmente quanto à interação com a realidade social (Nery, 2007).

Muitos pensadores do atual paradigma científico, dentre eles Jung e Einstein, apregoam que a imaginação é mais importante que o conhecimento. A imaginação nos conduz à veia dos conhecimentos, quando nos faz submergir intuitiva, emocionalmente e com toda corporalidade em nosso objeto de estudo, rompendo as dicotomias arte-ciência e realidade-fantasia.

Todos esses fatores alertam que a interdisciplinaridade é fundamental para o desenvolvimento da socionomia. As características do *socius* apresentam as mudanças contínuas na sociedade e resultantes de uma construção subjetiva e intersubjetiva, patente nos discursos dos indivíduos, nas suas ações, interações e no desenvolvimento grupal. A mudança exige ampliações constantes de consciência, visualização da realidade, percepção do que nela está oculto e do que está além dela. Mas pouco resultado traz a ampliação de consciência sem o mundo emocional que impulsiona a ação para o desconhecido, eliminando medos e apegos.

Marra e Costa (2004) reforçam o sociodrama como método para a pesquisa-ação, porque privilegia a dimensão relacional e possibilita a investigação sociológica dos sujeitos criadores da história. Ao utilizá-lo na práxis da psicologia comunitária, as autoras concluem que o trabalho sociodramático é uma oportunidade para que todos se influenciem mutuamente. A pesquisa-ação se fundamenta, tal qual a socionomia, epistemologicamente nos grupos, nas comunidades e na dimensão relacional (Marra e Costa, 2004). Essa pesquisa surgiu da contribuição da teoria do campo de Lewin e privilegia a influência mútua dos participantes para as tomadas de decisões do grupo. O coordenador, dentre outras funções, precisa constatar o problema do grupo em crise; intervir para que a coletividade amplie seu conhecimento e contribuir para a busca de resoluções. Barbier (2002, p. 42) fala em uma ação-pesquisa: "[...] pesquisas utilizadas e concebidas como meio de favorecer mudanças intencionais [...]"; "O pesquisador intervém de modo quase militante no processo, em função de uma mudança cujos fins ele define como a estratégia" (p. 43).

Nery, Costa e Conceição (2006) apregoam a capacidade de o método captar o instante interacional e grupal de maneira espontânea. E afirmam que, em uma pesquisa utilizando sociodrama, o diretor-pesquisador precisa respeitar o enquadre científico e minimamente esboçá-lo, em termos de procedimentos. Por exemplo, quando realizamos um mesmo sociodrama para várias clientelas, ou um sociodrama com vários temas para uma mesma clientela, algumas propostas de ação para os participantes e personagens (chamadas consígnas entre os psicodramatistas) precisam ser semelhantes. Apesar do esboço do procedimento sociodramático, o diretor não consegue impedir a interferência da sua subjetividade no encontro e necessita explorar, por meio de técnicas ativas, os sinais atitudinais e afetivos do grupo. Por mais planejado que seja o evento, a surpresa das interações vigora e o diretor cria com os membros um encontro singular e terapêutico.

O sociodramatista-pesquisador deve compreender as complexas questões epistemológicas e os desafios presentes no método de ação: a intersubjetividade presente no processo, a interferência da imaginação e sua relação com os fatos, a predominância da categoria do momento, o aperfeiçoamento da análise dos conteúdos que surgem dos vários contextos interacionais, entre outros (Nery, 2007). Somos convidados, portanto, a ir além de categorizar, definir e clarificar. Tudo isso torna imprescindível os espaços de liberdade para a criatividade terapeuta-pesquisador. A abertura gera tensão, insegurança e temor. Como afirma Morin (2000), não há pesquisadores superiores ou inferiores, há muitas coisas no mundo que são infra ou supraverdades, que estão simultaneamente acima, abaixo, fora da verdade, como o amor. Eis um objeto de estudo primoroso para as ciências humanas!

A pesquisa socionômica e o desvelar das tramas ocultas presentes nos fenômenos sociais

No Brasil, pesquisas acadêmicas utilizam a metodologia sociodramática para a produção de conhecimentos. Citaremos algumas, dentre centenas que têm surgido nos últimos quinze anos. Zampieri (1996) realizou sociodramas construtivistas da aids com casais heterossexuais. A diretora solicitava uma cena inicial com egos-auxiliares treinados no palco psicodramático. Um personagem era o "marido" que tinha medo de relatar para a esposa que precisava usar camisinha, pois temia estar com o vírus, o outro personagem era o "HIV" e o personagem "aidético" confrontava a plateia, até que o público espontaneamente começasse a interagir com eles. Os resultados da pesquisa apontaram para a melhoria na prevenção da aids, nos chamados vínculos monogâmicos. Os participantes reviam seus mitos e crenças relacionados aos vírus e davam novas respostas aos conflitos para efetivar a prevenção.

Scaffi (2002) realizou uma investigação, com o objetivo de contribuir às políticas públicas de saúde nas intervenções voltadas à prevenção das DSTs e da aids entre populações indígenas. A pesquisadora analisou sociodramas realizados em três aldeias Terena, no Mato Grosso do Sul. Os índios viveram seus dramas, suas resistências e questões relativas à aids e às políticas públicas de sua prevenção, em contexto psicodramático. Scaffi concluiu que a metodologia adotada contribuiu para a conscientização e mudança de atitudes dos indígenas a favor da prevenção da aids; conseguiu ultrapassar as dificuldades de comunicação existentes entre membros de diferentes culturas; ofereceu condições para sensibilização e mobilização das comunidades indígenas; promoveu melhorias na execução das políticas públicas de saúde para os indígenas; capacitou agentes multiplicadores indígenas para as atividades de repasse das informações sobre DST e aids a seus compatriotas.

Conceição, Tomasello e Pereira (2003) e Penso, Gusmão e Ramos (2003) usaram métodos sociátricos que favoreceram as expressões artístico-culturais de adolescentes, cumprindo medida socioeducativa de semiliberdade, identificados pela Justiça como usuários de drogas no DF, e obtiveram bons resultados em relação à construção do projeto de vida, ao resgate da autoestima e à proteção parental. Lima (2002) utiliza o teatro espontâneo como método favorecedor da inclusão social do deficiente mental na escola e para o questionamento de verdades na educação.

Com base em seus estudos, Costa (2003) desenvolveu o método de grupos multifamiliares, utilizando a metodologia psicodramática como referencial de ação e de investigação. Em uma comunidade de periferia, muitas mudanças foram detectadas, como a atualização do potencial criativo dos membros das famílias, valorização do saber local, melhoria do processo comunicacional e da convivência. Outras pesquisas foram realizadas com base nessa proposta, como é o caso dos grupos multifamiliares em contexto de abuso sexual (Costa, Penso e Almeida, 2004; Costa *et al.*, 2005).

Enquanto isso, Marra (2003) realizou o sociodrama para acessar as construções subjetivas e afetivas nas relações entre famílias e agentes sociais do Conselho Tutelar. Foi possível clarificar o papel social dos conselheiros tutelares, a responsabilidade das famílias na eficácia da intervenção social e a necessidade de ampliação de redes sociais de apoio nas comunidades. Polejack e Costa (2003) reverenciam a ação dramática para a pesquisa em que se avalia a dinâmica conjugal de casais heterossexuais nos quais um era portador do vírus HIV e o outro não. A pesquisa contribuiu para o conhecimento das crenças e do sofrimento dos casais e para que eles aperfeiçoassem suas redes de apoio, cuidados pessoais e proteção da saúde.

No Instituto de Psicologia da Universidade de Brasília, Oliveira (2008) utilizou sociodramas em uma sequência de encontros multifamiliares, com o objetivo de conhecer a condição socioafetiva de famílias que deixaram seus átomos sociais originários e se estabeleceram em novas territorialidades (famílias emigrantes). No mesmo instituto, entre junho de 2003 e novembro de 2007, realizamos seis sociodramas-pilotos para a tese de doutorado sobre a inclusão de negros na UnB. Participaram 132 alunos do curso de psicologia. O primeiro foi no momento de aprovação dessa política afirmativa racial (Carvalho e Segato, 2002). Os resultados desses sociodramas estão publicados em Nery e Conceição (2005, 2006a, 2006b, 2007). Em geral, os estudantes negros e cotistas evitavam se expor – quando se expunham, expressavam sentir discriminação por ser vistos como uma "nota de corte", desmerecedores de estarem na universidade e privilegiados. Nos eventos, a explicitação das ideologias, a revisão das relações raciais no País, além da experiência da técnica da inversão de papéis, contribuíram para o ataque à discriminação.

Seixas (1992) desenvolveu o sociodrama sistêmico familiar, contribuindo para a produção de diversos estudos nessa área. A autora trouxe para o palco sociodramático os conflitos que desintegram a família e deturpam sua comunicação. Nas pesquisas que realizou, concluiu que a (re)vivência dos problemas resultaram em melhorias na harmonia familiar e no convívio com as diferenças.

Esses exemplos de pesquisas nos mostram a força dos métodos que tratam e pesquisam não apenas o indivíduo, mas também o indivíduo em seus vínculos e grupos, assim como os vínculos e os grupos. É preciso, portanto, ampliar a compreensão e o tratamento do sofrimento humano multicausado, dentro da perspectiva situacional e relacional.

9. Análise de sociodrama para produção de conhecimento científico

O sociodrama atinge o mesmo efeito que os debates e as entrevistas para as pesquisas sociais. Porém, traz avanços no que diz respeito à representação social, à fala e ao discurso compartilhado, ao fornecer um espaço para a cocriação, em que surgem as significações presentes nas relações, o discurso compartilhado, o processo dialógico e a troca de conteúdos psíquicos, atitudinais e comportamentais entre as pessoas, no propósito conjunto de solucionar determinados conflitos.

Para realizar a análise dos conteúdos do sociodrama, procuramos nos apoiar em Rey (1997; 2002) e em teóricos psicodramatistas atuais que esboçam pensamento sobre esse assunto, dentre eles Cukier (2002), Monteiro (2006) e Perazzo (1994). O apoio em Rey se deve ao fato de que ele nos oferece uma análise de conteúdo e uma epistemologia voltadas para pesquisas qualitativas que se coadunam com os métodos de ação e com a epistemologia de Moreno (1972). A análise de conteúdos de Rey (1997; 2002) é centrada nos indicadores das informações trazidas pelos sujeitos da pesquisa e na busca de zonas de sentido. Esse procedimento abre caminhos para a detecção dos significados emergidos nos processos interacionais relativos aos temas sociais abordados. Os indicadores passam por um processo construtivo-interpretativo que transcende a codificação e a visão objetivista da subjetividade humana.

Para Rey (1997; 2002), "indicador" é uma construção capaz de gerar um significado pela relação que o pesquisador estabelece entre um conjunto de elementos. Segundo o autor,

> os indicadores são elementos que adquirem significação graças à interpretação do pesquisador [...] Neste aspecto, o subjetivo e o objetivo (utilizamos este último termo com o significado estrito de designar aquilo que provém do objeto) se integram em uma unidade indissolúvel que só tem valor dentro dos limites do processo em que é produzida. (Rey, 2002, p.112)

O indicador pode se produzir: nas relações entre os elementos; nos instrumentos; nas relações entre eles; assim como em quaisquer das situações, expressões dos sujeitos e processos surgidos nas diferentes relações que constituem o campo de pesquisa; pela combinação de informações indiretas e omitidas; na forma da resposta e nas generalizações. Em análise de conteúdo, o sentido também pode surgir daquilo que não foi dito e do que não foi expresso.

Rey (1997) destaca que os indicadores fazem emergir categorias a ser utilizadas como hipóteses, pois têm finalidade explicativa e não descritiva. As categorias constituem-se em ferramentas para o acesso às novas zonas de sentido do sujeito estudado. Zonas de sentido são "os espaços da realidade que se tornam inteligíveis frente ao desenvolvimento da teoria, isto é, que permanecem ocultos para o homem antes do momento teórico que permite a sua construção em forma de conhecimento" (Rey, 1997, p. 5).

O estudo de caso é procedimento fundamental para a pesquisa qualitativa, pois possibilita uma fonte diferenciada que "nos apresenta simultaneamente a constituição subjetiva da história própria (subjetividade individual) e uma forma não repetível de subjetivação da realidade social que ao sujeito coube viver" (Rey, 2002, p.156).

Todos esses fatores tornam a coleta de dados (ou de informações) e a análise dos resultados do sociodrama complexas, por se tratarem de uma metodologia qualitativa de ação que envolve a interação e a imaginação. Em termos práticos, estudiosos da socionomia buscam desenvolver formas de registro dos encontros que consigam captar todo o ato ou processo sociátrico. No entanto, dependendo do tamanho do grupo a ser estudado, é deveras trabalhoso usar várias filmadoras, gravadores e anotações de auxiliares. Mas é o que, nesse momento, é preciso ser feito.

Moreno deixou o grande legado dos métodos de ação, ricos em conteúdos a ser analisados, por isso temos mais uma tarefa que é a de detalhar algumas possibilidades de análise desses métodos. As complexidades que envolvem essa tarefa são: 1) as informações produzidas pelos métodos de ação surgem por diversos canais interrelacionados: falas, diálogos, ações, cenas, imagens, interações; 2) a produção é construída em processo cocriativo e dentro do momento e instante, carregado de espontaneidade; 3) há três contextos interconectados que precisam ser reportados: o social, o grupal e o dramático; 4) o contexto dramático produz um conhecimento peculiar, resultante também do imaginário e de interação de personagens em cenas, na maior parte das vezes, revividas por meio de um aquecimento próprio ao método – nesse sentido, Gonçalves (1990) nos alerta sobre a questão da sintaxe das imagens dramáticas produzidas pelo protagonista ou pelo diretor; 5) por ser cocriativo, o pesquisador psicodramatista se torna observador-participante que interfere vivamente na produção do conhecimento; 6) as análises de ação e de cena, em especial, ainda não foram detalhadamente produzidas por nós, psicodramatistas; 7) o sociodrama (ou qualquer outro método de ação) se constitui, numa pesquisa, em um instrumento para a coleta das informações – porém, ele pode ter em si diversos tipos de procedimento (com planejamentos mais ou menos fechados, tematizados ou não), e o diretor, ao coconstruir o conhecimento, dirigirá o método seguindo a dinâmica grupal, suas intuições etc., gerando a inevitabilidade de nunca se poder repetir o instrumento.

Em Moreno (1972, 1974, 1984a), as análises de sociodramas eram amplas e relativas ao processo interacional e sociométrico dos participantes e dos personagens surgidos na dramatização. Em síntese, o autor buscava os significados dos participantes em relação a um tema, categorizava processos de identificação e elaborava sociogramas ou mapas de interações sociométricas. Os processos afetivos eram analisados também por meio da sociometria, ou seja, do modo como os sujeitos se escolhiam para realizar uma tarefa e dos subgrupos que se constituíam.

Contemporaneamente, os psicodramatistas fazem pesquisa usando análise intensiva de um sociodrama – como Polejack (2007) e Nery (2008) – ou análises extensivas de vários sociodramas, como Zampieri (1996) e Scaffi (2002). A análise intensiva é centrada nos elementos de um ou alguns sociodramas, para que se aprofundem os processos interacionais neles presentes. A análise extensiva tem por objetivo comparar determinados dados, clientelas e temas por meio de vários sociodramas.

Centraremos a atenção na análise intensiva de um sociodrama, a qual tenta captar os elementos complexos e diversos do método – compostos por ações, cenas, diálogos, imagens, falas, personagens –, as interações entre pesquisador/sujeito e entre sujeitos e personagens. São elementos inseridos nos contextos social, grupal e dramático.

Podemos visualizar os elementos dos quais coletaremos os indicadores do sociodrama em círculos abertos, como na figura 5, em que cada parte interage com a outra, se interinfluenciam, são interdependentes e fomentam a participação dos sujeitos.

As cenas vividas no sociodrama emergem do contexto sociocultural dos participantes e se concretizam nos con-

Grupos e intervenção em conflitos • 155

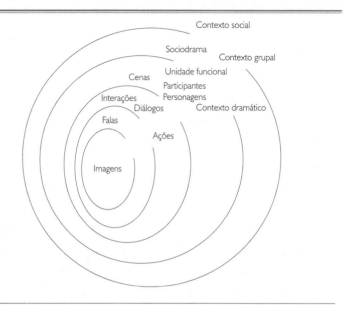

▶ **Figura 5** Desenho da composição do sociodrama

textos grupal e dramático, por meio do aquecimento promovido pela unidade funcional (diretor e ego-auxiliar). No contexto grupal, a cena é um conjunto de interações entre os participantes. Nessas interações eles expõem os dramas vividos no próprio grupo ou advindos do contexto social. No contexto dramático, vivem personagens da cena relatada pelos participantes e por eles escolhida para ser dramatizada. A cena dramática tem o objetivo de dar voz ao protagonista ou explicitar o tema protagônico e seus subtemas, para que os membros do grupo tentem, de forma mais participativa, dar novas respostas aos seus dramas.

Os personagens podem desempenhar papéis sociodramáticos (que representam o grupo social e a cultura do sujeito que os interpreta) ou papéis psicodramáticos (quando um grupo social é representado imaginariamente por um dos participantes).

Cada interação entre participantes ou personagens se compõe de diálogos e de ações que formam uma unidade temática ou uma modalidade interacional. As falas são as expressões verbais que compõem os diálogos contidos nas interações. A imagem parada é a captação de um instante da interação grupal ou da expressão de um participante ou personagem do sociodrama. A imagem em movimento é a captação de uma ação do(s) participante(s). As imagens expõem a comunicação não verbal (corporal) contida nas falas e nos diálogos.

Conciliando análise de sociodrama com a análise de conteúdos de Rey (2002), vemos que, dos elementos do sociodrama e das interações entre eles, coletamos os indicadores, na tentativa de captar os significados presentes nas interações e a dinâmica interacional. Com base nos indicadores, construímos categorias e zonas de sentido. A análise dos elementos do sociodrama deve reportar cada indicador encontrado ao contexto em que está inserido, para que o sentido emerja das inter-relações entre as partes de um todo.

Passos para análise de um sociodrama

Ao organizar os passos para a análise do sociodrama, consideramos as contribuições de Moreno e dos psicodramatistas contemporâneos Cukier (2002), Monteiro (2006) e Perazzo (1994), que se esforçaram no sentido de produzir a sistematização da investigação socionômica e a sua coerência com princípios científicos.

Monteiro (2006) sugere maior segmentação cênica da etapa de dramatização, do que a proposta por Moreno (1974), na tentativa de contribuir para uma sistematização da aplicação desse instrumento e para a análise de dados. Perazzo (1994) delimita um manejo técnico visando um encadeamento das cenas atuais para as passadas, por meio dos "equivalentes transferenciais", ou seja, das condutas conservadas aprendidas na história pessoal que bloqueiam a espontaneidade-criatividade. Cukier (2002) enfatiza a estratégia de aprofundar dramaticamente os motivos causadores do conflito atual, por meio do aquecimento do protagonista para as lembranças dos antecedentes históricos do conflito.

A análise de imagem tem Passarelli (2000) como representante no campo da psicologia social. Para o autor, a linguagem cinematográfica é capaz de explicitar temas de ordem social e que envolvem a subjetividade de vários sujeitos em seu processo, construindo enunciados desde a forma, a concepção artística até a relação com o espectador e a crítica.

Quanto à imagem em movimento, Rose (2002, p. 343) afirma que há sempre um aspecto de "translado" a ser considerado. A imagem em movimento é uma forma de analisar a ação dos participantes. Segundo a autora, o pesquisador em sua tarefa interpretativa deve considerar, por exemplo, se privilegiará ou não os silêncios, as hesitações, as posturas corporais e a complexidade de detalhes presentes na infinidade de movimentos que compõem a dinâmica da imagem em ação. Essas decisões acabam por envolver a subjetividade do interpretador e sua experiência, por isso é importante a ajuda dos auxiliares de pesquisa.

Conciliando os teóricos citados anteriormente com a análise de conteúdos de Rey, construímos os seguintes passos para a análise de um sociodrama (Nery, 2008):

1 – Assistir exaustivamente e sem julgamento à gravação do evento.

2 – Transcrever o evento e lê-lo diversas vezes e com a gravação, demarcando contextos e seus elementos: falas, unidades cênicas (ou um conjunto de diálogos e interações) que possam constituir subtemas relacionados ao tema protagônico.

3 – Sinalizar, com convenções particulares, sentimentos, estados emocionais, opinões e atitudes expressas.

4 – Tirar várias cópias da transcrição que contém as convenções.

5 – Por meio das cópias, recortar unidades cênicas e observar relações específicas do sociodrama: diretor-sujeitos, sujeitos-sujeitos, sujeitos-equipe-auxiliar, diretor-protagonista, diretor-personagens, diretor-equipe-auxiliar, interação de personagens, protagonista-personagens, plateia-personagens e diretor-plateia.

6 – Por meio das cópias, recortar falas e diálogos e observá-los em relação ao tema protagônico. (Os passos 4, 5 e 6 podem ser realizados por computador, mas há pesquisadores que preferem um espaço grande para ver as articulações entre os elementos).

7 – Capturar imagens e ações realizadas pelos participantes ou personagens, a pedido ou não do diretor.

O diretor e sua equipe capturam as imagens e ações que consideram relevantes para o estudo em questão. Descrevê-las e inter-relacioná-las com os contextos.

8 – Analisar as variáveis sociométricas de formação e fragmentação dos grupos. Em métodos de ação, buscamos captar aspectos da sociometria dinâmica, por meio de sinais específicos do grupo, relacionados à distribuição de afetos – dentre eles escolhas, aproximação e distanciamento, tentativas de ajuda em falas e diálogos, tipo de respostas às emoções ou atitudes dos sujeitos, expressões relacionadas à empatia ou à hostilidade etc.

9 – Fazer junções dos elementos do sociodrama e de interação entre eles na tentativa de encontrar os indicadores (Rey, 2002).

10 – Com base nos indicadores, elaborar as categorias que nos darão acesso às zonas de sentido do sujeito estudado.

11 – Complementar os achados por meio da leitura socionômica dos fenômenos grupais, como veremos a seguir.

Leitura socionômica dos fenômenos grupais (ou processamento teórico psicodramático)

A análise de sociodrama deve ser complementada com a leitura socionômica dos fenômenos grupais, que aprofundamos em capítulos anteriores, a qual considera (Moreno, 1972; Nery, 2003):

• A história da constituição do grupo e seu contexto sociocultural.

- O momento atual e o clima afetivo do grupo.
- A sociometria: como foram vividas as variáveis sociométricas de distribuição da afetividade. Por exemplo, as escolhas, as configurações espaciais das pessoas, a comunicação corporal, os confrontos e a expressão da agressividade, as estrelas do grupo, os isolados, os rejeitados e oprimidos, o surgimento de subgrupos, seus tipos e suas interações e a experiência da hierarquia socionômica.
- Como ocorrem as fases do grupo: isolamento, diferenciação horizontal e vertical. E as suas configurações: centrado no coordenador, relação em corredor e circularização.
- A sociodinâmica e seus estados coconsciente, coinconsciente e processos cotransferenciais. Observação de variáveis sociodinâmicas, dentre elas papéis sociais/culturais, papéis latentes, lógicas afetivas de conduta e complementações patológicas de papéis (pode-se utilizar o recurso de uma análise metafórica do grupo, vendo-o como miniatura da família e da sociedade).
- Os processos identitários (como radicalizações e paradoxos).
- As dinâmicas de poder (por exemplo, as experiências da hierarquia nos vínculos, as contradições).
- A atuação dos agentes do sociodrama: diretor, egos, unidade, protagonista, plateia.
- O emergente grupal, o surgimento do protagonista, os personagens e temas protagônicos.
- As etapas da sessão (aquecimento e sua manutenção, dramatização e compartilhar).
- O procedimento e as técnicas usadas no método sociodramático.

- Os tipos de direção e seus momentos, tais como: maior diretividade, direção centrada no protagonista, centrada na plateia ou na espontaneidade-criatividade.

- As hipóteses terapêuticas relacionadas aos temas protagônicos: como foram detectadas as resistências, as cenas temidas, os bloqueios à criatividade, as possibilidades de resolução dos conflitos e as intervenções relacionadas às hipóteses etc.

- O percurso transferencial utilizado pelo diretor, no sentido horizontal ou vertical, trabalhando cenas do momento, atuais, passadas ou futuras. Manejo terapêutico centrado em vínculos internos ou externos.

- Os processos cotransferenciais e os sinais de resistências detectados no grupo (exemplos: relação grupo/coordenador com temores em relação à ajuda, tipos de vinculações que contêm bloqueios à espontaneidade-criatividade, brincadeiras excessivas, queixas, faltas, hostilidades e a expressão da amorosidade).

- A experiência da realidade suplementar: a cena escolhida, como surgiram e foram vividos os conflitos na dramatização, os *insights*, a cocriação e a cena reparadora.

- O nível e o tipo do compartilhar e das identificações.

- A análise sociocultural, focalizando a articulação grupo-sociedade. Observar correlações entre os tipos de conflitos, cenas, personagens e os grupos sociais.

A leitura sociônômica e a análise de sociodrama desvelam os estados coconscientes e coinconscientes do grupo. Elas são os pilares para a construção conjunta do saber produzido durante a pesquisa interventiva.

No fazer psicodramático, em cada segundo da sessão, há elementos que contêm diferenciados níveis e formas de se inter-relacionarem. Por exemplo, uma simples expressão emocional de um personagem pode induzir à expressão emocional dos outros e favorecer o surgimento de situações temidas pelo grupo; o diretor-pesquisador pode produzir, em graus variados de consciência, hipóteses terapêuticas que conectam sua história de vida com a história do protagonista e do grupo e com a história e os valores da sociedade. Muitas dessas complexas interferências são detectadas após um exaustivo processo de análise do sociodrama.

A pesquisa qualitativa se distingue pela preocupação em destacar a qualidade do objeto estudado, e essa qualidade se apresenta na forma e no conteúdo (Demo, 1998).

Costa (2003), ao analisar os resultados de sua pesquisa com a aplicação de método psicodramático, encontrou algumas categorias provenientes da interpretação de um grupo multifamiliar que se expressou por diálogos e dramatizações: a análise temática, a relação entre as mães, a relação entre as mães e a equipe, a expressão de afetividade e de espontaneidade, o ambiente lúdico e a presença da pesquisadora. Podemos perceber como a interpretação de falas associada à interpretação das imagens, retiradas da ação dramática, amplifica e enriquece a compreensão da qualidade da pesquisa qualitativa.

Notamos o quanto nossos objetos de estudo (ação, interação, articulação entre individual e coletivo) são complexos, dinâmicos e podem ser captados por métodos de ação que nos trazem diferentes ângulos complementares. Nossa tese de doutorado (Nery, 2008) sobre a inclusão de negros na UnB, a dissertação de Marra (2003) sobre as relações entre famílias e agentes sociais do Conselho Tutelar e a dissertação de Polejack (2003) sobre a dinâmica conjugal de casais heterossexuais nos quais um era portador do vírus HIV e o outro não – todas orientadas pela professora doutora e psicodramatista Liana Fortunato Costa – são exemplos do uso de métodos de ação e de sua análise realizada de forma exaustiva.

Para ilustrar a análise proposta, faremos um resumo da pesquisa sobre inclusão racial no próximo capítulo.

10. O sociodrama em uma pesquisa sobre inclusão racial

Realizamos uma pesquisa de doutorado, na Universidade de Brasília (UnB), com o objetivo de compreender a afetividade presente na interação de universitários que participam da vigência da política afirmativa de cotas para o ingresso de negros nas universidades públicas e as repercussões dessas interações no processo de inclusão racial (Nery, 2008).

As políticas e ações afirmativas tentam aplacar o déficit histórico de cidadania das minorias no Brasil, ao reparar danos históricos provocados por discriminação ou por sua exclusão em relação aos bens sociais e materiais (Gomes, 2001). Após diversas pesquisas mais específicas entre as décadas de 1970 e 2000, realizadas por grandes institutos – dentre eles o Instituto de Pesquisa

Econômica Aplicada e o Instituto Brasileiro de Geografia e Estatística – e centros de pesquisa, o Brasil demonstra ser um país de desigualdade não apenas social como também racial. Detectou-se, por exemplo, que 70% da população pobre e miserável é composta por negros (Henriques, 2001; Hasenbalg, 1979).

A partir da década de 1990, foram implantadas no país políticas afirmativas semelhantes às dos EUA, particularmente as políticas para negros ingressarem em universidades (Queiroz, 2004). Em 2001, a III Conferência Mundial de Combate ao Racismo, Discriminação Racial, Xenofobia e Intolerância Correlata, promovida pelas Nações Unidas, em Durban, na África do Sul, pressionou o governo do presidente Fernando Henrique Cardoso a assumir e a dar uma resposta ao racismo do Brasil. Diante de um posicionamento autocrítico da nação brasileira, muitas medidas buscaram assegurar que pessoas pertencentes a minorias nacionais, étnicas, religiosas e linguísticas tivessem acesso à educação e ao emprego sem discriminação de qualquer tipo (III CMCRDRXIC, 2002; Munanga, 1996; Santos, 2007).

Em 2003, após o resultado da estatística de que 2% dos estudantes da UnB eram negros, essa universidade aprovou a política afirmativa do sistema de cotas para o ingresso de negros no vestibular, em 20% do total das vagas (Carvalho e Segato, 2002).

Diante desse momento histórico, sustentamos a hipótese de que o processo de inclusão sociorracial efetivamente ocorre quando os sujeitos que dele participam direta e indiretamente reorganizam projetos dramáticos, no sentido de produzir *status* sociométricos que favoreçam a integração social dos sujeitos aprovados pelo sistema de cotas no vestibular para o ingresso de negros na UnB.

Nossas principais questões foram: que tipos de sentimentos e emoções surgem no âmbito das interações raciais a partir da inclusão dos negros na UnB? A afetividade nesse processo favorece ou não a inclusão racial? Como a afetividade interfere nos processos identitários e na integração intergrupal? Como os novos papéis sociais de cotista e de universalista estão sendo desenvolvidos? (Cotista é o papel desempenhado pelo indivíduo que é aprovado no vestibular para a universidade por meio de sistema de cotas raciais; universalista é o papel desempenhado pelo indivíduo que participa da vigência da política afirmativa, mas faz o vestibular optando pelo sistema universal). Qual o papel da psicologia na vigência de uma política afirmativa?

Delineamos uma pesquisa qualitativa com o referencial teórico da socionomia (Moreno, 1972). Utilizamos o método do estudo de caso para compreender um aspecto da política afirmativa da UnB. Os instrumentos de coleta de dados foram o sociodrama e entrevistas semiestruturadas. Fizemos a análise do método de ação aproveitando a contribuição de Rey (2002) e dos psicodramatistas contemporâneos Cukier (2002), Monteiro (2006) e Perazzo (1994).

No período entre o primeiro semestre de 2003 e o primeiro semestre de 2006, realizamos seis sociodramas pilotos (132 estudantes ao todo) e em maio de 2006 realizamos um sociodrama específico para a tese, no qual participaram cinco estudantes. Entrevistamos três estudantes cotistas e o membro de uma ONG vinculada à UnB, em agosto de 2006.

O procedimento do sociodrama para a tese foi: 1) aquecimento – interação inicial dos participantes, com debates intensos sobre o sistema de cotas e como ele interferiu na vida de cada participante, e escolha de cena para ser dramatizada; 2) dramatização da cena com o uso de técnicas de ação; 3) compartilhar sobre os sentimentos e percepções vividos no evento. Os confrontos são acirrados em cada uma das etapas, demonstrando-nos as atitudes e a afetividade presentes nas interações.

A cena mais escolhida pelos grupos ao longo desse período e no sociodrama para a tese foi: o resultado do vestibular em que se implantou o sistema de cotas, do qual emergiram conflitos entre os que passaram por cotas e os que não conseguiram passar por causa da implantação do sistema. Trata-se de uma situação muito importante no contexto inclusivo, pois nos apresenta o intervalo do antes, durante e depois da experiência de vestibular com o sistema.

Os sociodramas pilotos serviram de base à pesquisa e seus resultados foram publicados (Nery e Conceição, 2005; 2006a; 2006b; 2007). Porém, decidimos fazer uma análise exaustiva do sociodrama realizado para a tese e analisar as entrevistas.

Análise dos dados

Seguimos os passos para a análise das informações coletadas, conforme sugerimos no capítulo 9. Em síntese, após a transcrição do sociodrama, selecionamos imagens do vídeo que consideramos significativas para nosso trabalho. Detectamos as interinfluências entre as interações e obtivemos a sociometria. Fizemos cinco cópias da transcrição do sociodrama e recortamos as falas, diálogos e interações. Esse procedimento nos ajudou a agrupar os conteúdos de maneira prática e bastante flexível, a observar o todo que eles formavam e suas possibilidades de combinações. Complementando o estudo, fizemos procedimentos de análise de conteúdo das entrevistas realizadas.

Após observar as coerências e ambivalências entre os conteúdos do sociodrama, encontrar indicadores, fazer articulações entre seus indicadores e os das entrevistas, detectamos três zonas de sentido principais relacionadas ao objeto e objetivos da tese. A primeira zona de sentido é sobre a afetividade intergrupal e está relacionada a processos grupais que ocorrem entre os estudantes nesse momento inclusivo; a segunda zona de sentido trata dos processos identitários dos cotistas e "universalistas"; a terceira é sobre a inclusão racial e a universidade. Por meio das zonas de sentido, fizemos as leituras socionômicas.

Primeira zona de sentido — Dinâmica afetiva na interação cotistas e universalistas

Nessa zona de sentido descrevemos a afetividade encontrada nas interações entre os participantes do sociodrama e detectada nas entrevistas. Encontramos indicadores relacionados a uma dinâmica afetiva grupal e a uma dinâmica afetiva intergrupal. A dinâmica afetiva grupal é a emocionalidade que compõe as crenças, atitudes e comportamentos do grupo (e de seus subgrupos) na experiência da competição social. Essa dinâmica fundamenta os projetos dramáticos e dinamiza a sociometria do grupo.

A dinâmica afetiva do grupo dos cotistas (e de estudantes negros) preponderante é a necessidade de provar bom desempenho acadêmico para ser reconhecido, devido ao sentimento ou à experiência do preconceito gerado pelas cotas, que o perturba em sua vida na universidade.

No sociodrama, João, o único participante negro, expressa essa crença. Ele é um estudante que fez o primeiro vestibular com o sistema de cotas para negros da UnB (no segundo semestre de 2004), porém optou pelo sistema universal. Ele se posicionou como um porta-voz do estudante negro e do estudante cotista, tanto no contexto grupal quanto no contexto dramático, ao fazer o papel sociodramático de "Negro universalista".

Logo no debate inicial, após a maioria dos participantes ter exposto a opinião em relação às cotas como um benefício para os negros, João expressa:

João: [...] então, essa sensação de privilégio, de não merecimento, elas estão muito relacionadas. Muitas vezes, o estudante negro se sente impelido a ter que provar suas capacidades, provar que é capaz.

E continua sendo estimulado nesse estado emocional até se expor catarticamente, no meio da dramatização:

Personagem Negro universalista: Eu me sinto... Ter que provar para as pessoas a minha capacidade, é algo que me irrita, é algo que me frustra e me incomoda constantemente. Ter que acordar e mostrar, mais uma vez, estou aqui e é merecimento, não é presente, não é nada. Estudei e estou aqui!

Sérgio também capta da alma do estudante cotista essa crença, ao desempenhar o personagem "Cotista". Ele é um dos membros do grupo que foi aceito por transferência, na época do segundo vestibular com cotas. Sua posição no grupo foi de constante apoio aos desfavoráveis às cotas. Porém, nos mostrou a importância do contexto dramático, em que se explora a capacidade imaginativa, ao intuir sobre o cotista e expressar sua autocobrança por excelente desempenho acadêmico.

> **Personagem Cotista:** Eu... me sinto feliz, porque apesar de tudo, superei e precisava superar para conseguir entrar, mesmo que fosse pelo sistema de cotas. Quero agarrar esta oportunidade, o máximo possível, para fazer valer a pena! Para fazer funcionar e funcionar e outras pessoas terem esta oportunidade, para, exatamente, no futuro não precisar mais ter destas cotas para ter uma justiça...

Nesse momento, Sérgio ao viver esse papel psicodramático se torna um representante virtual desse grupo social, pois nenhum cotista compareceu ao sociodrama da tese, apesar de intensa divulgação na universidade dezoito dias antes do evento. Um dos motivos da volta ao campo e de realizarmos entrevistas com cotistas foi investigar sobre essa ausência. As entrevistas contribuíram para confirmar dados do sociodrama e complementar suas informações. Sobre a autocobrança, por exemplo, a estudante nos diz:

> **Entrevistada Cotista Joana:** Aqui dentro da universidade, um dos sofrimentos do cotista é que você tem que provar que você pode, sabe? Que você pode... Que você está aqui e conseguiu a vaga por mérito seu, sabe? Tem esta história

da nota de corte menor... Você tem que ficar provando que você é bom, que você pode, que você pode estudar tanto quanto o universalista, sabe?

A dinâmica afetiva dos estudantes universalistas é a indiferença e o descaso em relação às causas raciais. Essa dinâmica gera um individualismo fortalecedor de discursos dominantes em relação aos privilégios sociais.

No trecho a seguir, Adriana se firma em suas ideias, apoiadas por outros participantes, e ninguém tenta compreender as insistentes defesas de João. Adriana é contrária à política afirmativa. Trata-se de uma estudante que usou o sistema universal no primeiro vestibular com cotas raciais na UnB, porém foi reprovada. Sua aprovação ocorreu no terceiro vestibular em que foi implantada a política das cotas. Na dramatização, ela desempenha o papel sociodramático de "Candidata reprovada".

Adriana: Mas, então... No meu caso, por exemplo. Uma pessoa que, dentro das cotas, tirou 60 passou, e eu que tirei cento e poucos não passei. Essa pessoa não foi beneficiada? Entendeu?

Surgem dispositivos de relações de poder e da discriminação que emerge do sistema de cotas, principalmente o da negativa de aprofundar sobre a questão racial. Neste diálogo, Marcos, estudante universalista aprovado no vestibular anterior em que se implantou o sistema de cotas, emerge como o solitário crítico social, único solidário a João.

João: [Minha cena é] sentimento de depreciação que a pessoa sente por dizerem que recebeu benefícios por ser cotista.

Marcos: Racismo.

Sérgio: Não é racismo...

Marcos: Sim, é...

Sérgio: Não quero entrar no mérito desta questão. Mas não acho que é racismo!

Marcos: Acho que deve entrar no mérito da questão!

Sérgio: [...]acho que qualquer grupo social, por exemplo, a mesma coisa que fizesse com pessoal de colégio público. Em vez de ser cotas para negros, fosse para ensino público, o pessoal passaria pela mesma coisa. Não ia ser racismo, ia ser por classe: "Ah, você veio do ensino público, né? Hã, hã!" Então, não é racismo, neste ponto.

Diretora: Você não concorda? Qual seu argumento?

Marcos: [...]quando você faz uma política de cotas, você tem que analisar uma dicotomia racismo-antirracismo. O que ele está colocando aí seria um antirracismo, mas na verdade se configura como racismo. Este antirracismo que o colega colocou está dentro de uma mentalidade de embranquecimento da população... E o quê da questão da política de cotas é valorizar o sentimento de negritude, valorizar uma estética negra, reparar um mal social histórico.

Nesse diálogo, detectamos indicadores de como a dinâmica afetiva de um grupo se articula com a de outro, promovendo a dinâmica afetiva intergrupal. Essa dinâmica é composta por processos afetivos que geram crenças e atitudes que interferem no exercício de poder.

Um dos elementos principais da dinâmica afetiva intergrupal é o de que há cotistas que carregam culpa por causa da ideologia da meritocracia e se fragilizam diante dos universalistas que se sentem inconformados pela perda de privilégio social e injustiçados por causa da política racial. Também há cotistas (e estudantes negros) que sentem raiva e indignação em relação à discriminação vivida nesse processo inclusivo, incrementada pela desqualificação das questões raciais feita por universalistas.

O grupo dos universalistas luta para provar as fragilidades do sistema e se contrapõe ao estudante negro que luta pela visibilidade da identidade racial. A dor pela reprovação no vestibular em razão das cotas sensibiliza a maior parte da equipe e do grupo, efetivando uma prevalência das questões subjetivas sobre as coletivas. Adriana, em seu papel sociodramático de "Candidata reprovada", dá vida ao seu sofrimento:

Personagem Candidata reprovada (observando sua cena): Não tenho nada que posso fazer nesta situação... (quanto à tristeza em relação à reprovação no vestibular)

Diretora: Uma impotência?

Personagem Candidata reprovada: É. (inicia choro)

Ego-auxiliar Vanda (no papel da Candidata reprovada): Os meus sentimentos aqui são: eu sou burra mesmo, não dou conta de passar, ainda me roubam as poucas oportunidades que tenho... Por que acontece comigo?

Diretora (para a Candidata reprovada): É isso mesmo? É algo por aí?

Personagem Candidata reprovada: Por aí...

A dinâmica afetiva intergrupal explicita os projetos dramáticos, sintetizados em:

1 – Subgrupo dos desfavoráveis às cotas:
• "Estamos coesos em nossos entendimentos, não precisamos mudá-los; não somos racistas e não precisamos ampliar nossa consciência racial".

2 – Subgrupo dos favoráveis às cotas:
• "É preciso que vocês percebam que estão discriminando, é preciso que vocês nos vejam, nos reconheçam e nos valorizem em nossa identidade e lutas".

Os indicadores retratam a vivência da fase da diferenciação vertical competitiva, pois os projetos dramáticos não se refazem e cada grupo entra numa competição sociométrica, prevalecendo a hostilidade. Essa hostilidade também esteve presente nas entrevistas.

Houve indicador de hostilidade em um momento da dramatização em que a diretora pediu para que expressassem corporalmente os sentimentos da cena do resultado do vestibular. "Cotista" e "Negro universalista" ficaram com as mãos em punho, indicando a vitória de terem passado no vestibular, mas também insinuaram uma posição de confronto.

Ambos ficaram cabisbaixos, com expressão séria. A personagem "Branca cotista" (que fraudou o sistema de cotas) sorriu ironicamente e expressou sua vitória colocando uma mão na cintura e elevando a outra em punho. O personagem "Branco universalista" ficou em pé, com os braços soltos, olhando para a "Canditada reprovada". A personagem "Candidata reprovada" se sentou e ficou com a cabeça baixa, na tentativa de dar expressão corporal a sua tristeza.

Um diálogo dramático que expressa a hostilidade:

Personagem Branco universalista: E você, tirou quanto?

Personagem Negro universalista: Eu? 240...

Personagem Cotista: Ué, a nota de corte é 60, estou apto para entrar na universidade! Você está dizendo que não estou apto?

Personagem Branco universalista: Não sei dizer... Tem que ver agora, se você vai conseguir acompanhar as matérias...

Em seguida, o descaso da "Branca cotista", que frauda o sistema e desqualifica as causas e a identidade racial. Essa personagem é baseada em experiências dos auxiliares que conversaram com um estudante branco cotista.

Personagem Negro universalista: Como você entrou pelo sistema?

Personagem Branca cotista: Uai... Sou preta! Eu entrei como preta...

Personagem Cotista: Espera aí, você não é preta, não...

Personagem Branca cotista: Sou sim...

Candidata reprovada: Quem deveria passar e é sério não passa por causa das cotas...

Negro universalista: Você se sente negra?

Branca cotista: Não me sinto negra, não... Mas foi uma oportunidade... Eu tinha esta chance, podia me declarar negra... Afinal, o Brasil é um país de mestiços mesmo!

Branco universalista: Sou mestiço também... Mas não me considero negro...

Branca cotista: Tenho negros na minha família, minha tia é casada com um negro...

Nesse sociodrama, as configurações sociométricas predominantes, produzidas pela dinâmica afetiva intergrupal, foram as de isolamento do negro e de afastamento do tema racial. Essa sociometria é demonstrada nos indicadores do não prosseguimento à fala do negro ou de quem o apoia, na persistência em manter os discursos dominantes e na dificuldade de inversão de papéis por parte dos desfavoráveis às cotas. Por exemplo, a maioria insistiu no argumento da meritocracia, como podemos destacar:

Alberto: A indignação não está na cor, mas na nota de corte abaixo. A questão do mérito acadêmico. No vestibular... Só passam aqueles que obtiveram as maiores notas...

Alberto é o estudante universalista aprovado no vestibular anterior à implantação do sistema de cotas para o ingresso de negros na universidade. É representante do discurso dominante da classe média, nos seguintes aspectos: só quer atingir suas metas e torna invisíveis as questões sociais à sua volta. Na dramatização, ao viver o papel de

"Branco universalista", constrangeu o "Negro universalista" e o "Cotista" com sua desconfiança da capacidade deles. E manifesta indiferença em relação às causas raciais:

Personagem Branco universalista: Estou bem. Não preciso provar nada para ninguém. Minha nota foi bem superior, tanto em relação às cotas como em relação à universal.

A dinâmica afetiva intergrupal apresenta indicadores relacionados a mecanismos presentes no exercício do poder, como a "antiempatia" – que é um movimento atitudinal do sujeito em direção contrária ao desenvolvimento empático, para que ele se fortaleça em suas ideologias.

Vejamos a síntese de uma das expressões emocionais mais intensas do personagem "Negro universalista", denunciando o aprisionamento dos participantes em suas ideologias:

Personagem Negro universalista: Meu sentimento é de bastante, assim, raiva, sabe? Raiva por vários motivos. Assim... Por mais uma vez ter que ter posto a minha capacidade em jogo, entende? Se eu quero entender realmente o que está acontecendo, eu tenho que pensar no negro de uma forma geral... Pô, mais uma vez o negro é posto para provar seu mérito. Aí, vai chegar depois, um outro dia, numa palestra na universidade, aí... Vão perguntar de novo, qualquer outra coisa que vai estar dentro da esfera do mérito, de novo. Vão dizer assim: mas será que este palestrante é bom? Não é daquela turma de cotas?... E não sei o quê... O importante é estar participando, o importante é estar crescendo...

Esse "grito para ser visto", porém, não captou o apoio do grupo, sendo um indício de "antiempatia". No exercício de poder, a indisponibilidade em compreender o outro é uma das armas para a manutenção dos privilégios sociais.

Segunda zona de sentido – Processos identitários dos cotistas e universalistas

Nessa zona de sentido, tentamos ampliar a compreensão de como a afetividade compõe os processos identitários. No desenvolvimento da identidade dos papéis de cotista e de universalista, num contexto inclusivo, detectamos indicadores que compõem os seguintes processos identitários: paradoxo identitário e as experiências da identidade radical, da identidade oculta e da identidade flexível.

O paradoxo identitário é um mecanismo social, vivido por indivíduos e grupos discriminados, que congrega tanto o desejo de expor a identidade quanto o temor em expô-la, ocasionando perturbações em seu processo político de organização social. Esse mecanismo também se compõe das ambivalências na vivência das identidades sociais.

Há cotistas que assumem a identidade racial para o ingresso na universidade, porém não a assumem no contexto acadêmico, devido ao temor da discriminação. No sociodrama, ao final da dramatização, Sérgio, ao viver psicodramaticamente o Cotista, conseguiu dar voz a essa ambivalência de sentimentos quanto à sua inclusão.

Personagem Cotista: Eu, ao mesmo tempo que me sinto feliz, porque apesar de tudo, superei e precisava superar para conseguir entrar, mesmo que fosse pelo sistema de cotas... Ao mesmo tempo, eu sinto tristeza por uma colega que teve uma nota superior (e não passou). Mas, aí, entra muito em choque o meu egoísmo de querer ser bem-sucedido na vida e toda minha raiva das situações que passei no passado, tanta discriminação e tudo mais! Mas desta vez eu superei. E indignação, em relação ao meu colega, também, né? Ele vem de uma família bem mais estruturada, mesmo assim, sofre preconceito. Não deveria mais acontecer (bate várias vezes, uma mão na outra, que está em punho). Este preconceito deveria ser combatido... Eu sei deste preconceito, porque o sofri.

As entrevistas confirmam o mecanismo do paradoxo identitário, quando os entrevistados distinguem os grupos de cotistas da universidade entre os que assumem a identidade apenas para a realização do vestibular e evitam demonstrá-la por medo da discriminação e os que permanecem na luta pela causa racial.

O paradoxo identitário causa um transtorno psicossocial, pois paralisa a espontaneidade-criatividade do sujeito. O paradoxo identitário abrange tanto a consciência precária da negritude quanto a falta de consciência da "branquitude" por parte dos brancos. No confronto entre os participantes, a ideologia brasileira do paraíso racial esteve presente e as personagens "Candidata reprovada" e "Branca cotista" banalizam a questão que domina todos: "Quem é negro neste país?"

Os papéis de cotista e de universalista revigoram, pois, os jogos de poder na sociedade sintetizam os fatos culturais e consolidam a história. Tornam-se papéis históricos (Naffah Neto,1997) que, em conjugação com os papéis sociais, repetem e concretizam, no âmbito microssociológico, as contradições, os conflitos e as oposições presentes nas classes sociais, retratando na peculiaridade do vínculo (e do grupo) as dinâmicas de poder relacionadas ao dominador--dominado.

Além disso, esses papéis reproduzem as relações raciais. O paradoxo identitário, por exemplo, reforça a tipicidade de o racismo brasileiro ser cordial e invisível (Carone e Bento, 2002; Guimarães, 2002). Ele instiga a ideia de que todo brasileiro deve se considerar negro (apesar da impossibilidade de viver na pele o que de fato é ser negro), com os objetivos de rejeitar de imediato a política de cotas, sem se aprofundar em seu mérito, ou de usá-la em benefício próprio (de preferência com muita ironia).

O temor de acirrar os conflitos raciais (Fry, 2005; Maggie, 2001) e o desejo da sociedade de proteger o indivíduo do constrangimento que a política focal identitária lhe provoca fazem parte do paradoxo de evitar a exposição da identidade racial, ao mesmo tempo que muitos apontam a perversidade do silenciamento e da anulação dessa identidade durante séculos.

Encontramos indicadores relacionados à produção de experiências da identidade na vigência da política afirmativa racial (e que também podem ocorrer com as políticas focais de identidade). Destacamos as experiências: identidade radical, identidade oculta e identidade flexível. Há grupos e indivíduos que vivem o processo inclusivo radicalizando a identidade, usando-a como uma "arma" pessoal ou coletiva para confrontar o grupo opositor, para demonstrar-lhe indiferença, para isolá-lo ou expressar intolerância e ódio.

Na entrevista, a identidade radical das cotistas e do funcionário da ONG se desvela no desejo do confronto. No sociodrama, a identidade radical esteve presente na hostilidade entre os subgrupos, na raiva do negro, na ênfase ao sofrimento pessoal.

Em uma cena, o personagem "Negro universalista" expressa seus sentimentos em reação contra toda discriminação derivada do sistema de cotas exposta ao longo do evento. Ele olha com raiva para o grupo, coloca uma mão em punho, movimenta-a energicamente e expressa intensamente suas emoções. Os participantes olham atentamente para ele, porém não estabelecem diálogo a partir desta fala.

Personagem Negro universalista: Sempre um momento histórico, muitas vezes de transformação, que acontece? Ele acarreta dúvidas, entendeu? É o mesmo sentimento de culpa que o jovem negro lá, acho que em 53 ou 63, quando foi posto em escolas brancas, todo mundo... falava assim: "Mas este negro aí que estudou 10 anos em escola pública de negros aqui nos Estados Unidos, que o ensino é pior, vai estar agora na minha sala, baixando o nível!" Você sabe lá se este negro é capaz ou não? Que você sabe dele? Então é um sentimento de raiva... É estar tendo que ser subjugado ou depreciado, muitas vezes.

A identidade radical favorece que o universalista isole o negro e dê ênfase ao sofrimento pessoal, como o vivido pela personagem "Candidata reprovada". Seu movimento emocional demandou grande parte da atenção e do apoio do grupo.

No processo inclusivo há grupos ou momentos de experiências em que os indivíduos ocultam a identidade, se escondem, não se organizam e não participam de eventos relacionados à causa identitária. Esse ocultamento ocasiona, por exemplo, a não participação dos cotistas nos eventos relacionados à questão racial e o não usofruto de apoios psicossociais e acadêmicos.

Entrevistada Cotista Nilda: Já tivemos 20 vagas para estágio e são 1800 cotistas... Nossa... Tem muitas pessoas para essas vagas... Era para preencher todas as vagas. Mas elas ficam ociosas. As pessoas não procuram. E olha que a gente mostra pela internet, pelos e-mails. Já pregamos várias vezes cartazes, sabe? Se eles esquecem falamos de novo...

Também há universalistas que ocultam sua identidade, como detectamos no sociodrama:

Participante Alberto: Mas conheço muitas pessoas que a única preocupação é com o estudo, com as metas próprias: o meu objetivo é passar, passei. Então, não troca papéis. Não consegue ver a história, o que aconteceu antes e o que acontece depois. Ele acaba, realmente, se isolando do resto.

Ainda encontramos momentos em que indivíduos ou grupos tentaram flexibilizar sua identidade, para melhorar as relações no contexto inclusivo. A identidade flexibilizada está presente na cocriação (resultado do fenômeno tele), quando os indivíduos tentam desenvolver a capacidade empática e ampliar sua visão do contexto inclusivo e sociocultural. É o que observamos quando João consegue se imaginar no lugar de Adriana na dramatização:

Personagem Negro universalista (ao inverter papel com a candidata reprovada): Eu me sinto triste. Particularmente com uma frustração pessoal de mais uma vez não ter passado. Mais uma vez ter que voltar para casa e dizer que não passei... E, o pior, é saber que tem pessoas que tiveram rendimento abaixo de mim, sobre o mesmo objeto, e vão estar no curso, vão estar adiantando a vida e vão estar comemorando, pouco importando com a situação.

Sérgio, no compartilhar, depois de viver o papel do Cotista, também demonstra o quanto a aprendizagem psicodramática lhe possibilitou flexibilizar sua identidade de universalista.

Participante Sérgio: Tentei manter um raciocínio lógico que faz parte de meu personagem (cotista)... Tenho que agarrar esta oportunidade, certo? Fiz uma opção mais grata... Mas... Veio a culpa, realmente. "Pô, eu passei com uma nota menor que a dela, então"... Pesou muito para o meu personagem. Imagino o que seria a vida acadêmica de uma pessoa o tempo todo sofrendo esta culpa e, ao mesmo tempo, sofre a discriminação por ser de cota, então... Com certeza, não vou aproveitar tudo que deveria aproveitar, pois todo o tempo eu serei discriminado... As pessoas discriminam... Então, imagina pelo sistema de cotas... deve ser muita barra.

A flexibilização da identidade é fundamental para o sucesso de qualquer processo inclusivo, pois contribui para o diálogo empático, depois que se evidenciam as identidades presentes, que é dada visibilidade às dores vividas pelos sujeitos, que os confrontos são permitidos e os conflitos vividos.

Terceira zona de sentido – Cotas, discriminação e universidade

Na terceira zona de sentido, tratamos dos indicadores relacionados à discriminação resultante do sistema de cotas raciais. No microcosmo estudado, a conexão das dimensões afetivas, cognitivas, atitudinais e de ação intergrupal revelaram preconceitos que acirram a discriminação no processo de inclusão racial. Dentre eles: o cotista é visto como um beneficiado e privilegiado pela política afirmativa; é julgado por uma nota de corte inferior; ele e o estudante negro são considerados incapazes, depreciados em seu mérito, não merecedores de estar na universidade; eles são desqualificados em sua identidade racial e em suas causas e sofrem o isolamento, a indiferença e as ambivalências na afetividade intergrupal.

Essa discriminação provoca tanto no cotista quanto no estudante negro as sensações, principalmente, de ficar de fora, de ser excluído, gera-lhes a autocobrança de ter de provar que são capazes e a cobrança de ter excelente desempenho acadêmico.

Também foram encontrados indicadores relativos ao mecanismo afetivo presente neste peculiar processo discriminatório: a ambivalência na afetividade intergrupal. Na dramatização, os participantes desfavoráveis expressaram afeto (amor aos negros), atitudes que demonstravam uma autodefesa e uma defesa ao ataque de ser racista, criticaram os preconceitos aos cotistas e um deles até se imaginou no lugar do estudante negro cotista.

Porém, nesses sentimentos e condutas havia ambivalências e contradições, pois não se coadunavam com as atitudes de indisponibilidade para: aprofundar-se sobre a história da desigualdade racial; minimizar as questões raciais; qualificar outros tipos de preconceitos como mais danosos do que a discriminação racial; desviar questões coletivas para o âmbito individual (inclusive por parte da equipe de pesquisa).

Essa ambivalência tem a potência de gerar, no processo inclusivo, novos preconceitos raciais, de perturbar a capacidade empática e de fortalecer o *status quo* do poder dominante, o qual mantém o negro à margem da sociedade, quando, por exemplo, não se complementa sua fala ou a do cotista.

As cotas recebem críticas de que podem aumentar o preconceito racial (Reis, 1997). Porém, a discriminação específica que surge da inclusão racial é uma decorrência dos processos identitários silenciados e anulados há séculos no país.

Uma das tarefas do coordenador de grupos é buscar intervenções em relação ao conflito racial que se tenta sufocar. Os conflitos sociais e raciais que emergem devem ser enfrentados. Não devemos temê-los, mas torná-los uma potência geradora de novos modos relacionais.

A organização política do cotista ou do estudante negro implica o fortalecimento da identidade racial. O problema não é a racialização da identidade, mas como ela é vivida. Processos identitários podem ser libertadores, desde que os jogos de poder concernentes a eles contribuam para a justiça social.

Observamos indicadores relacionados à "apoliticidade" do estudante. Politicidade é a habilidade de saber pensar e intervir, de participar e conduzir a história (Demo, 2002). Porém, está tão enfraquecida entre os estudantes a ponto de criarmos o termo "apoliticidade" para caracterizar, pelo menos no que se refere à inclusão racial: o desinteresse em desenvolver a consciência crítica e a participação ativa nesse momento histórico, tornando-o uma oportunidade efetiva de transformação social; a não participação em eventos relacionados à inclusão racial; a despreocupação com as questões relativas à negritude; o mero usufruto da política afirmativa.

Entrevistada Cotista Joana: As pessoas têm muitos limites, acham que não vão usar isso (sociodrama sobre cotas) na vida delas, não vai ser útil ou mudar a vida delas. Não querem ficar falando de cotas. Não estão interessadas em participar desse tipo de evento, não acham relevante... Houve desinteresse.

Quanto ao universalista, sua apoliticidade foi demonstrada principalmente no fechamento à compreensão do processo político e social, na busca individualista de conquistas e manutenção dos privilégios sociais. Inferimos que essa apoliticidade corre alto risco de gerar o "efeito de poder" das cotas raciais (Demo, 2003b), ou seja, as cotas podem produzir efeitos contrários aos desejados, dentre eles marginalizar e não emancipar os negros.

Outros impedimentos, desvelados na pesquisa, em relação à organização política do cotista, são: o conformismo, a acomodação e o individualismo que geram a ilusão do menor esforço psíquico e social para a sua experiência universitária. Mais um dano ao processo inclusivo é a resistência do cotista ao contato com as demandas psicológicas que afloram nesse contexto universitário. O cotista não dá importância às experiências relacionais e emocionais para o seu sucesso acadêmico e profissional. E desconhece o papel da psicologia nesse processo inclusivo.

O projeto dramático de inclusão racial efetiva depende de uma intervenção psicossocial multidisciplinar e específica, que trabalhe com as redes sociométricas presentes na universidade e que possa gerar a fase de diferenciação vertical cooperativa.

E todas as entrevistas expõem basicamente:

Entrevistada Cotista Nilda: O que favorece a inclusão racial é o diálogo com o professor e com alunos... Isso estimula mais... Alguém te reconhece sem discriminação e te incentiva a estudar... Você percebe que não está sozinho, tem alguém que está te ajudando.

Os efeitos terapêuticos do sociodrama na pesquisa

Indicamos o sociodrama para ser utilizado nos projetos e nas implantações de inclusão social e racial, tanto por seu valor como instrumento de pesquisa quanto por sua eficiência como método de intervenção socioterapêutica. Nos sociodramas pilotos e, em particular, no sociodrama realizado para a tese, as técnicas de ação repercutiram num princípio de empatia em relação à minoria e de flexibilização da identidade. Como é o caso de Alberto que, ao longo do evento, foi defensor da meritocracia e indiferente às causas raciais.

Alberto: Eu achei bastante interessante (o evento). Ainda mais pela troca de papéis, que é difícil de fazer. No meu papel (Branco universalista), fiquei me baseando no que faço, cotidianamente. Cada um se preocupa com suas metas, eu sou de uma classe média... O personagem que fiz me deixou chocado, porque é a maioria das pessoas que vejo, que não se preocupa com o que passa com o outro, mas se preocupa com suas próprias metas, conseguem atingir... Não tem por que se preocupar se o outro conseguiu ou não. Não importa se ele é negro e passou, não importa se ele é branco e passou, não importa. Importa que eu quis passar, passei e agora quero um emprego melhor, quero ganhar bem.

A experiência de oposições não impediu João e Adriana de afirmarem a importância de se imaginarem no lugar do outro.

Participante João: Eu achei muito interessante a atividade... Você tentar entender o outro... não estando lá é complicado. Entendo o fato de você (Adriana) estar com raiva. Mas, você vai ser o outro agora (refere-se à técnica de inversão de papéis – se imaginar no lugar da candidata reprovada). Ah, não, agora eu senti! Não só entendi, mas senti o que ele poderia ter pensado.

Adriana, na etapa do compartilhar, também fala da tentativa de se imaginar no lugar de João, embora tenha tido grande dificuldade em relação a essa tarefa.

Adriana: Na hora que a gente trocou de papel. Tive um pouco de dificuldade...

Diretora: De encarnar...

Adriana: De encarnar, mas o que consegui sentir foi uma felicidade por estar dentro, uma felicidade muito grande por estar dentro. Mas, realmente, um... não é bem uma angústia... um sentimento ruim, porque as pessoas estão duvidando de mim, entendeu? Foi muito esquisito, sabe? Foi muito esquisito...

Diretora: Sim, ótimo...

Adriana: Mas, foi muito difícil sair do meu papel... Do meu sentimento, na verdade.

Marcos, apesar de estar o tempo todo da dramatização na função de plateia, conseguiu captar a importância da experiência imaginária.

Participante Marcos: Eu percebi que todo mundo que estava ali estava inserido numa lógica individualista e, a partir do momento que você troca os papéis, você permite ao personagem lançar olhares sobre o outro. E esse lançar o olhar sobre o outro é uma questão muito importante, porque ela perpassa toda uma ética, um sentimento de alteridade, de estar dentro do outro, de compreender o outro. Isso possibilita essa perspectiva de sentir o drama alheio...

Sérgio, dentro de seus limites psíquicos, conseguiu presentificar o ausente e, ao final do evento, sensibilizar-se por ele, como já dissemos quando falamos da flexibilização da identidade.

Esses depoimentos demonstram o sociodrama como um dos caminhos para a viabilização da efetiva inclusão racial e social, para a convivência com a diferença e o desenvolvimento da politicidade em contextos em que se implantam essas políticas afirmativas.

Conclusão da tese

Observamos que os novos papéis de cotista e de universalista reproduzem as relações de poder e raciais de nossa sociedade. Revelam aprendizados, inclusive afetivos, de nossa história. Ao se subjugarem ao preconceito externalizado ou silenciado, muitos cotistas e estudantes negros se enfraquecem em sua união e organização política. Ao supervalorizarem determinadas visões desfavoráveis da política racial, muitos estudantes universalistas se unem e se fortalecem socialmente.

Os processos afetivos (ou sociométricos) das relações intergrupais são constituintes dos exercícios de poder e da luta em relação aos bens sociais. Observamos alguns fundamentos afetivos das interações que geram a discriminação racial e que tendem a manter o *status quo* da sociedade e mecanismos afetivos para conquistar ou manter espaços ou bens sociais – entre os quais a "antiempatia" e as ambivalências afetivas.

Quanto à inclusão racial e universidade, vimos que nossa hipótese de pesquisa não foi confirmada. Supomos que a inclusão sociorracial efetivamente ocorre quando os sujeitos que dela participam direta e indiretamente reorganizam projetos dramáticos, no sentido de produzir *status* sociométricos que favoreçam a integração social dos sujeitos aprovados pelo sistema de cotas da UnB.

Houve prevalência da fase da diferenciação vertical competitiva e não houve a realização do projeto dramático da efetiva inclusão racial, na qual a interação cotista-universalista não realiza um projeto dramático de efetiva integração, fundamentado na compreensão crítica e sociopolítica do universalista desse momento, na sua aproximação da realidade do cotista ou no sucesso da luta do cotista por essa inclusão. Tanto o estudante negro quanto o cotista, em sua maioria, sentem-se discriminados, afastados e isolados.

Os cotistas propõem o diálogo, o debate e a participação como esperança para a saída do silenciamento, da anulação da identidade racial e do sofrimento em sua experiência inclusiva. Além disso, alertamos que uma efetiva inclusão racial que gere maior integração do negro na academia, maior participação política e organização social só será possível quando a comunidade acadêmica envidar esforços no sentido de diminuir a discriminação racial na universidade.

Consideramos necessário que os cotistas se apossem de sua nova identidade, exponham-na e desenvolvam sua politicidade. Caso contrário, essa ação afirmativa corre o risco de se tornar um anestésico para a dor do racismo brasileiro e manter o negro à margem da sociedade, gerando, assim, o "efeito de poder" (Demo, 2003a).

Há necessidade de um acompanhamento psicossocial específico e multidiciplinar para que a inclusão seja efetiva. Indicamos o sociodrama por ser um eficiente método de pesquisa e de tratamento das relações humanas e grupais. Acreditamos que a realização de projetos para a promoção da inclusão social e racial nos ajudará cognitiva e vivencialmente a lidar com a diversidade e a aprender com as relações intergrupais no sentido da cocriação. Tentamos também trazer alguma luz às perguntas que lançamos e novas indagações e contribuições para a sociedade.

11. Sociatria em um órgão público[1] e uma intervenção comunitária

Realizamos uma intervenção terapêutica em um órgão público, no segundo semestre de 2007. Esse órgão vivera uma reestruturação organizacional repentina, que causara graves sofrimentos aos servidores. Tratava-se de corte de funções e de gratificações, junções de coordenadorias e demissões realizadas pelo presidente.

A seção de recursos humanos (RH) nos contratou para tentar ajudar os servidores a enfrentar a situação adversa, contribuir para que eles enfrentassem o estresse e elaborassem estratégias individuais e coletivas para a resolução de situações-problemas. Convidei um colega para ser ego-auxiliar nesse trabalho e formarmos uma unidade funcional.

---

1 A primeira parte deste texto foi elaborada em coautoria com Altamir de Souza Macedo, a quem agradeço muito.

O contrato era para uma intervenção em oito grupos – que correspondiam aos departamentos da instituição –, contemplando cinco encontros com cada grupo, durante cinco semanas. A participação nos grupos foi facultativa. A seção de RH foi inserida porque dois grupos convidados não quiseram participar. Trabalhamos um total de sete grupos. Em cada grupo era esperada a participação em torno de quarenta pessoas, porém a média foi de catorze participantes. Em quatro grupos, a chefia participou e contribuiu para as discussões. Após cada encontro, a unidade funcional fazia uma leitura socionômica do ocorrido e descrevia a sessão.

Ao iniciar os trabalhos, buscávamos conhecer a situação do grupo, seu histórico na instituição e relacionamento com ela. Elaboramos um pequeno questionário e discutimos sobre as demandas do grupo. Tentávamos estabelecer o vínculo terapêutico, compreender a sociodinâmica e o tipo de resposta ao processo de mudança institucional.

Em geral, os grupos apresentaram sentimento de desvalorização profissional, ansiedade e tristeza em relação às mudanças institucionais. Algumas pessoas expressaram estresse, sintomas de insônia e dificuldades na vida familiar decorrentes dos conflitos no trabalho. Outros temas emergentes foram: medo, cobrança, pressa e impotência. Quanto aos aspectos positivos da mudança, afirmaram a disponibilidade de aprender com a situação e o desejo de integração como forma de fortalecer o grupo.

Ficaram explícitos os sofrimentos relativos aos processos identitários, quando os grupos afirmavam que haviam perdido seus referenciais de atividades, além de muitos colegas, e viviam instabilidade na atuação profissional. Quanto à sociometria, os grupos expressavam rejeição à nova presidência e se sentiam rejeitados. Alguns se sentiam impotentes e isolados, outros buscavam formas de lutar por seus direitos, mas com grande hostilidade. O exercício do poder pendia para a opressão dos grupos que representavam departamentos da área administrativa, pois havia grupos que conquistaram privilégios de outras áreas.

Reconstruíamos com os participantes os objetivos da intervenção, diante da necessidade de desenvolver a integração, com vistas à ajuda mútua no ambiente de trabalho e à reconquista do valor do papel profissional. Trata-se de dar voz ao polo oprimido, ajudá-lo a se recompor em sua identidade e a melhorar suas ações políticas (Freire, 1976; Moscovici, 1976; Demo, 2002).

A metodologia sociodramática centrou-se na expressão atitudinal e emocional das pessoas, na identificação das situações-problema, na revivência dessas situações, na busca conjunta de novas respostas ao contexto de estresse e no compartilhamento. Em cada encontro, aquecíamos o grupo, ao refletirmos sobre o momento institucional, e surgiam os protagonistas.

Na tentativa de evitar o aumento da resistência do grupo à intervenção, demos liberdade para a expressão do tema protagônico sobre as perdas – tanto a financeira da gratificação como as afetivas, pois colegas de trabalho foram deslocados para outras unidades. Houve o compartilhamento de sentimentos e percepções sobre o processo de mudança, suas influências em relação ao papel profissional e na vida das pessoas. Nessa perspectiva, os participantes expressaram suas necessidades, colocaram-se imaginariamente no papel do chefe ausente ou do presidente da instituição e agiram tentando melhores resultados no ambiente de trabalho. Buscávamos produzir novos dispositivos que contribuíssem para a melhoria da distribuição de poder no órgão.

Apresentamos o relato de alguns encontros para ilustrar o trabalho. No segundo encontro com o Grupo 5, os participantes falaram sobre o cenário atual, as pressões e os sentimentos de desvalorização, insegurança e impotência. Apontaram as reações de alguns servidores, como acomodar-se e assumir o ônus da decisão, sair do órgão ou lutar por melhores condições.

Colocamos três cadeiras no cenário e pedimos que o ego-auxiliar assumisse criativamente o papel dos diferentes servidores, mostrando sua conduta diante das pressões do trabalho. Surgiram os personagens: 1) o "medroso", que não reage à situação de pressão e não quer assumir os riscos do enfrentamento; 2) o "em cima do muro", que às vezes quer enfrentar a mudança, mas prefere ficar no seu canto e pensa que a situação poderia ser bem pior; 3) "o que quer sair da seção", quer abandonar o barco, procurar outros rumos e ser valorizado; 4) "o corajoso", que assume riscos, quer fazer algo pela mudança de seu ambiente de trabalho, está disposto a defender seus direitos e lutar por um ambiente de trabalho mais justo e saudável.

Pedimos que a plateia conversasse com os personagens--servidores representados pelo ego-auxiliar. O diálogo foi intenso, cada personagem expressava as vantagens de suas respostas à situação e a plateia apontava seus enganos. A maioria dos participantes se identificou com o discurso do servidor corajoso, apoiando suas ideias. Disseram que respeitavam as reações diferentes, mas que precisavam despertar em si a coragem e encontrar pessoas com vontade de conseguir mais respeito e valor. No fechamento, foi explorado o potencial do grupo para usufruir de novas medidas para enfrentar a mudança e o incentivo à luta para evitar que os papéis latentes do medroso ou do inseguro dominassem a equipe.

Na primeira sessão com o Grupo 3, os participantes falaram livremente sobre a dinâmica do ambiente laboral e sobre o grande transtorno causado pelas mudanças institucionais na equipe. O grupo se referiu às seguintes palavras para expressar a percepção: aumento de serviço, apreensão, adaptação na "marra", perda de identidade e de autonomia, confiança *versus* desconfiança, violência profunda e sutil, evasão, opressão, relação de poder, processo de assimilação das medidas frustrantes.

Subdividimos o grupo em subgrupos com base nas atividades realizadas no setor de trabalho e eles conversaram sobre o clima emocional que viviam. Na exposição para todos sobre a reflexão proposta, o subgrupo maior fez severas críticas a colegas, chefias e à instituição. Surgiu um intenso conflito, que apontava questões de ordem administrativa, de busca de legitimidade da chefia atual e um clima de desgaste e descrença no trabalho.

Após inúmeras queixas direcionadas à presidência do órgão – dentre elas a desvalorização do servidor, o autoritarismo, a diminuição do quadro e o aumento das cobranças –, pedimos que o ego-auxiliar desempenhasse, de acordo com sua percepção do momento, o presidente. Nesse personagem, ele disse que estava disposto a conversar com os servidores. O subgrupo expressou seu desconforto com irritação e, timidamente, a plateia propôs um enfrentamento mais racional da situação: "É preciso que nos unamos", "Vamos nos organizar", "Não adianta se queixar, é preciso ter argumentos, demonstrar a importância do nosso trabalho", "Precisamos que a chefia vista a camisa da nossa seção!" Os participantes, na cena, resistiram às sugestões, dizendo-se impotentes e que não adiantaria lutar. O presidente interpolou e disse: "Apenas quero mostrar ações nestes próximos dois anos! É uma gestão curta! Preciso começar agora! Não tenho tempo para conversas, faço o melhor pelo órgão!"

Eles perceberam que o maior mal do grupo era a divisão interna (competição sociométrica) e a descrença em melhorias nas relações no ambiente de trabalho. O grupo argumenta sobre a impotência diante da crise de identidade, da falta de autoestima profissional, da desconfiança e da ameaça interna e externa em relação às suas funções. Ao final da cena, pedimos uma saída para os conflitos, pelo menos para aquele momento. Eles afirmaram a necessidade de pedir ajuda a outros setores, inclusive ao RH, para se fortalecerem. Pediram que a chefia (que estava presente) lutasse por eles e fosse mais justa e objetiva ao oferecer benefícios e tarefas. A chefia se prontificou a tomar medidas que os ajudassem a se sentir melhor no ambiente de trabalho.

Diante dessas observações, traçamos alguns objetivos para os próximos encontros. No encerramento, os participantes foram convidados a fazer um grande círculo. Alguns expressaram a percepção sobre a intervenção, que foi considerada tensa na medida em que denunciava os conflitos e as fragilidades do grupo. Muitos participantes disseram que não queriam ser obrigados a participar, pois se sentiram pressionados pela chefia. Demos liberdade para comparecer quem estivesse motivado. Nos encontros seguintes, compareceram 40% das pessoas e a chefia.

Esse grupo sofria com a sociometria interna, carregada de rejeições e ressentimentos, e com as relações de poder. Muitos participantes eram opositores da chefia, desqualificavam suas iniciativas, inclusive a proposta da intervenção sociátrica. O desvelar do coinconsciente nos encontros demonstrou que essas relações de poder prejudicavam a comunicação do grupo com os demais setores da instituição, principalmente com a diretoria e a presidência do órgão.

Após a intervenção, alguns vínculos foram resgatados. Membros isolados e que perturbavam a harmonia grupal foram afastados, por se sentirem insatisfeitos e desejarem trabalhar em ouros setores. A conquista da nova coesão grupal contribuiu para que fosse retomada a identidade do grupo, o aumento da autoestima do servidor e a retomada de planejamentos para a valorização das suas atividades no órgão.

No terceiro encontro com o Grupo 6, ele se reportou às seguintes palavras para expressar sua percepção sobre o momento de mudança: risco de adoecimento, perdas, aumento de trabalho, pressão, falta de planejamento, inquietação, integração dos servidores novatos com os antigos, readaptação, falta de solidariedade, escassez de pessoas e ameaças. As palavras foram anotadas no *flip-chart* à medida que o grupo as expressava e tentávamos compreender o sentido de cada uma.

Solicitamos que o grupo escolhesse as palavras mais significativas. Após votação, a eleita foi pressão, que gerava estresse, retrabalho ou trabalho feito duplamente. Pedimos para o ego-auxiliar desempenhar a personagem "pressão" e para o grupo conversar com ela. A "pressão" inquietava o grupo com seu discurso cristalizado, dizendo, em síntese: "É preciso fazer rápido, perfeito, mostrar serviço, senão haverá substituição ou perda da gratificação". O grupo expressou sofrimento, cansaço, necessidade de tempo para se organizar. Surgiram falas relacionadas ao orgulho por fazer parte da equipe; à indiferença como forma de lidar com a dor; a desenvolver novas habilidades como forma de compensar deficiências; à sobrevivência a todo custo diante da crise; ao reconhecimento da pressão como grande incômodo.

O grupo, ao tentar dar nova resposta àquela situação, se deu as mãos e disse que a união o fortalecia e aumentava o reconhecimento do seu valor. Afirmou que era preciso aproveitar a crise como oportunidade para organizar melhor a seção e as atividades, promover mudanças que beneficiassem os servidores e frisar a importância do diálogo no setor. Os próximos encontros deram seguimento a essas propostas, com a elaboração de planejamento laboral para conquistar melhorias na realização das tarefas.

Ressalta-se que cada grupo apresentava sua sociodinâmica. Surgiam projetos dramáticos e personagens latentes que nos impingiam intervenções em consonância com as necessidades identificadas, as características do grupo e seu nível de conflito e de maturidade. A cocriação se tornou um processo árduo, pois precisávamos constantemente amenizar angústias, resistências, descrenças e os paradoxos da luta pela solidariedade e do temor dela.

A participação, de maneira geral, em menor número que a esperada pela seção de Recursos Humanos foi um dado importante a ser avaliado, pois causara frustração à unidade funcional e ao RH, que estava com alta expectativa em relação à participação massiva dos convidados. As tramas ocultas que emergiram nos trabalhos sociátricos revelaram que o pedido de intervenção para o órgão também era um pedido de intervenção para a própria seção de RH, que sofria com as mudanças institucionais e com a dificuldade em manejá-las.

O grupo da seção RH expressou o grande alívio da tensão, resultante da intervenção sociátrica. Deram o *feedback* sobre a melhoria das relações no ambiente de trabalho, a reordenação das atividades que desgastavam os servidores, o fortalecimento da identidade profissional e a legitimação da nova chefia, que se prontificou a manter o que foi conquistado nesse período. Muitos mitos e queixas em relação ao RH – dentre eles a potência de resolver todos os problemas de uma só vez; ficar sempre em cima do muro e não apoiar servidores; ser o lugar de castigo da instituição – foram trabalhados. Surgiram questões relativas às expectativas e aos limites das intervenções do RH: aceitar impotências, conciliar interesses e contribuir para que o exercício de poder na instituição seja construtivo, fazer o papel do mediador entre vários demandantes e melhorar a comunicação interna na seção e entre os vários setores do órgão.

No trabalho com esse grupo, ficou explícito como a angústia da separação paradoxalmente se alia à busca da solidariedade (Pagés, 1976) quando uma nova chefe toma o poder e todos se unem, diante de um momento de crise, para apoiá-la, escamotear os conflitos e buscar valorizar a seção em que trabalham.

Muitas cenas nos revelaram que os servidores desconhecem a importância das intervenções socioterapêuticas no trabalho e que as resistências se devem, principalmente, ao preconceito de que a intervenção resulta em nada, ao medo da exposição e de consequências negativas em relação a ela, ao medo do confronto e à proteção da angústia da solidariedade. Há, ainda, a apatia que mantém o *status quo* da resignação, das queixas e da apoliticidade, ou seja, da incapacidade de organização e de ação em prol do bem comum do grupo (Nery, 2008).

Vimos, de imediato, o limite da intervenção, pois trabalharíamos apenas com uma área do órgão (a administrativa) que sofreu as mudanças e as áreas-fim (coordenadorias gerais e presidência) não participariam. O fato de não intervirmos no todo nos fez perguntar sobre o alcance da intervenção sociátrica, o porquê e para quê. Porém, ao construirmos os objetivos com o RH e com os grupos, passamos a apostar que o trabalho de uma parte interfere no todo (Morin, 2000). Quando uma parte tem a oportunidade de desenvolver sua consciência e participação política num momento histórico de sua seção e de seu órgão, sua ação pode ser transformadora. Os *feedbacks* dos grupos apontaram para esse resultado quando finalizamos o trabalho.

Uma das queixas principais dos grupos foi a perda da gratificação. As cenas revelaram que o benefício significava, por um lado, um adicional financeiro para o desempenho de atividades com maior nível de responsabilidade e, por outro, gerava grande ansiedade – à medida que, periodicamente, nas situações de mudança, as pessoas corriam o risco de perdê-lo. A cultura da instituição costumava ser a manutenção de gratificações, independentemente do grau de responsabilidade; então, pela primeira vez, retiraram-se vários desses benefícios de uma área, transferindo-os para as assessorias. Nesse momento, era necessária uma readaptação do servidor, inclusive, à nova cultura e à história institucional.

As respostas criativas dadas pela maioria dos grupos para amenizar o sofrimento foram o resgate do espírito de equipe e a luta democrática pela revalorização das funções. Isso demonstrou que as atividades possibilitaram maior participação política dos servidores e o fortalecimento do papel profissional, à medida que era dada a eles a oportunidade de se organizar e contribuir para o processo de mudança. Foi possível desenvolver a ação proativa – dentro da forte tendência de comportamento reativo nos grupos –, seja influenciada pelos sentimentos de impotência, pelo estilo de gestão imediata e/ou institucional ou por características individuais e/ou grupais que "reprimiam as ideias".

A comunicação interna e externa foi tratada como um problema significativo. Em muitos casos, a comunicação deficitária gerava o retrabalho por mais de uma pessoa ou setor, sem que soubessem. Muitos conflitos eram derivados dos processos objetivos e subjetivos que não eram considerados transparentes e da representatividade insignificante das chefias perante as coordenadorias e a presidência.

As cenas reparatórias dos dramas grupais possibilitaram que as pessoas começassem a organizar as estruturas menores, mais simples e mais próximas de si, e a si próprias como forma de se fortalecer, para em seguida refinar as relações com as estruturas mais complexas do contexto institucional.

Aqui o coinconsciente vem à coconsciência quanto à instância de poder da interferência do micro para o macrocosmo e vice-versa. Os participantes percebem que as forças pessoais são transferidas para as do pequeno grupo e deste para a instituição. Notoriamente, o que ocorre nesse microcosmo aponta para o momento do País, da reeleição do presidente Luís Inácio Lula da Silva. Seu governo impõe a nós, cidadãos, medidas que nos frustram – como aumento de impostos, impunidade em relação à corrupção e ações precárias no combate à violência e à desigualdade social; porém, nos mantemos apáticos e sem forças de organização. Os sentimentos, apontados nos grupos, de impotência, fragilidade, medo, perda e raiva são os vividos por nós brasileiros. À medida que a intervenção conquista forças pessoais e sociais, as pessoas se unem e o grupo exerce mais poder, a hierarquia socionômica na instituição se torna mais justa. Esperamos que esse aprendizado se generalize para o papel de cidadão e que os movimentos sociais se fortaleçam na luta por justiça e igualdade social.

Após cada encontro fazíamos uma devolutiva sobre o grupo e recebíamos (nós, unidade funcional) *feedback*. Os *feedbacks* positivos, em síntese, eram no sentido de que o campo sociátrico favoreceu a integração dos participantes, a melhoria da relação com gestores, a criação de sentimento de pertencimento do indivíduo no grupo e o desejo de lutar pelo seu reconhecimento na instituição. Todos os grupos apontaram a importância de terem feito um planejamento laboral, que contemplava a opinião individual e coletiva, com base no qual chefia e servidores dariam prosseguimento.

Os aspectos negativos, em síntese, foram a ausência de servidores da seção nos grupos, desejos de que a intervenção fosse realizada no departamento (usamos uma sala designada pelo RH), temor de que o espírito de equipe conquistado naquele período acabasse e pesar em relação à não participação de algumas chefias.

Sobre a ausência dos servidores na intervenção, ainda apontamos que a obrigatoriedade e a livre escolha para participar da intervenção foi um dilema abordado na contratação. Concluímos por não obrigar os servidores, pois poderia gerar mais transtornos pessoais ou grupais no delicado contexto. Apenas fizemos o convite para o trabalho, pessoalmente e por e-mail. Porém, notamos que poderíamos ao menos ter tido a oportunidade de tentar quebrar as resistências e os preconceitos dos possíveis participantes. Fica a questão: se usássemos o "meio-termo" de fazer um primeiro encontro com cada grupo, no próprio local de trabalho, para tentar a nossa inserção no grupo, teríamos mais participantes? Com certeza, trata-se de uma questão inviável de ser respondida agora, mas que nos alerta para essa questão ao realizarmos novas intervenções em instituições. O tema da inserção do diretor no grupo cativou nossa atenção, a ponto de fazermos um capítulo à parte. Também apontamos a importância da sintonia entre diretora e ego-auxiliar, trabalhando dentro do que apontamos no capítulo 7.

Quanto ao desejo de que esse trabalho fosse realizado no departamento, embora Moreno também apregoe a sociatria *in situ*, consideramos que uma sala destinada exclusivamente para esse fim tem a vantagem de promover um clima propício para a intervenção terapêutica.

O temor de que o espírito de equipe acabasse surgiu com o desejo de que a intervenção pudesse ter uma continuidade. Isso seria o ideal, principalmente a manutenção de uma equipe terapêutica não pertencente ao órgão, para dar a imparcialidade necessária ao trabalho com os conflitos e exercícios de poder que emergem e impulsionar a integração dos grupos. Porém, essa é uma batalha a ser travada pelos profissionais que trabalham com grupos.

Sem dúvida, a queixa da não participação da chefia é procedente. Quando ela está presente, os confrontos se acirram e são muito sofridos, mas, paradoxalmente, eles libertam as amarras e os desentendimentos. A ausência ocorre por motivos similares aos dos servidores que não compareçam. Porém, as chefias presentes e os servidores que psicodramaticamente faziam o papel de chefes também apresentaram a ameaça da perda do poder. O desempenho psicodramático auxiliou os servidores a desenvolver a capacidade empática e comunicacional e a enfrentar os conflitos no trabalho.

Destacamos, ainda, que houve duas queixas relacionadas aos jogos dramáticos. Um servidor desqualificou a atividade, dizendo que não queria brincar, e outro disse que a atividade não levaria a lugar algum. No primeiro caso, a crítica nos revelou que não havíamos aquecido adequadamente o grupo para o método de ação, pois eles esperavam um debate. Nesse sentido, alertamos para a leitura sociodinâmica e para o aquecimento, consoantes a um bom *timing* para que o convite para a ação seja aceito, inclusive por pessoas que prefiram ficar na função de plateia (tornando-se, porém, plateia participante). No segundo caso, a pessoa já havia participado de grupos terapêuticos no trabalho, em que os métodos ativos foram aplicados – porém, para ela, não surtiu efeito. Após esclarecermos sobre a liberdade de participar nas dramatizações ou nos jogos, essa pessoa aos poucos adquiriu confiança para se expor dramaticamente, tornando-se um agente terapêutico no grupo.

O trabalho institucional ou empresarial é fundamental para nosso papel de socioterapeutas que ajuda a dar voz e organização aos que sofrem e tentam encontrar a melhoria nas suas relações no ambiente de trabalho e no exercício de poder.

Uma intervenção comunitária

Os anos de nossa vida são enriquecidos por nossos projetos e sonhos, que ficam na imaginação. Muitas vezes sofremos porque eles encontram morada apenas nessa dimensão. Porém, no ano de 2003, tive a oportunidade de realizar um de meus projetos: um trabalho sociátrico com a comunidade brasiliense, denominado Grupo de Encontro Terapêutico Temático.

Esse trabalho aconteceu no consultório e tinha os seguintes objetivos: propiciar à comunidade encontros terapêuticos abertos relacionados a temas retirados da prática clínica; refletir criticamente sobre os temas; promover a participação dos membros, enfocando suas experiências em relação a eles; contribuir para a cocriação no trabalho terapêutico dos sofrimentos.

Utilizamos métodos de ação para a revivência de cenas protagônicas, buscando a espontaneidade-criatividade, de acordo com o momento e o clima afetivo dos membros do grupo. Dentre os métodos, usamos: psicodrama público, sociodrama, *role-playing* e jogos dramáticos (Moreno, 1974).

Alguns dos temas trabalhados foram: o papel do homem e da mulher na sociedade atual, perdas e solidão, autoestima e depressão, ser pai e mãe na virada do milênio, relações amorosas, conflitos relacionais, a arte da comunicação, violência na família, projeto e qualidade de vida, angústia e estresse.

Realizamos dez encontros mensais, aos sábados, com duração de quatro horas. O investimento, na época, foi equivalente a uma entrada de cinema, o que viabilizou a participação de todos os segmentos sociais. Esse trabalho foi divulgado em hospitais, clínicas, centros de saúde, escolas e jornais da cidade.

Cada encontro era no formato de ato terapêutico aberto, com início, meio e fim. O grupo foi programado para 10 pessoas, porém a participação variou de 8 a 14 pessoas (num total de 97 pessoas ao longo do ano). Cinco dos participantes frequentaram, no mínimo, quatro encontros.

O trabalho foi de dimensão sociátrica e socioeducativa, pois não visávamos à psicoterapia grupal. Observamos as etapas e os princípios da metodologia proposta por Moreno (1974; 1975). As avaliações resultaram dos *feedbacks* verbais dos participantes ao final de cada encontro. Eles afirmavam a importância de terem participado e o que aprendiam para a vida. O registro dos eventos era feito logo após sua ocorrência, pela unidade funcional (eu, no papel de diretora, e Silvana Machado Peres, ego-auxiliar).

Nesse trabalho, constatamos que o processo de mudança grupal é uma construção subjetiva e intersubjetiva, objetivado nos discursos, nas ações e nas interações. Por exemplo, quando enfocamos o tema "conflitos relacionais", Marta foi escolhida para trabalhar o espancamento que sofria há oito anos pelo marido. Sua cena foi: ele chegava bêbado em casa, no início da noite, principalmente nos fins de semana. Se o marido não a encontrava em casa, alegava que ela o estava traindo e, por esse motivo, a espancava.

Montamos o cenário e entrevistamos os personagens. Quando demos vida ao drama, o participante escolhido pela protagonista para fazer o papel psicodramático do marido foi espontâneo-criativo e intuiu a alma dele, dando expressão aos seus conteúdos ocultos – dentre eles sua insegurança do afeto da mulher, a sensação de ser um fracassado, por ter emprego informal, e o temor de que ela não o admirasse.

Ao longo da dramatização, tentamos ajudar a protagonista a ampliar sua expressão emocional e atitudinal, além de pedirmos para a plateia fazer duplos. Durante a técnica do espelho, ela percebeu que precisava se submeter ao espancamento para manter o casamento, pois era um valor transmitido pela família. Temia ser vista como frágil e ser rejeitada por familiares, por isso era importante "aguentar o que viesse". Tornamos alguns dos sentimentos em personagens, dentre eles a raiva de ser espancada "injustamente" e o medo de o pior lhe acontecer caso denunciasse o marido. Com isso, tentamos dar concretude ao drama interno da protagonista.

Resolvemos não investigar cenas passadas (fazer o percurso transferencial da vivência atual), pois o trabalho era na vertente sociopsicodramática e o grupo buscava ajudá-la na situação escolhida. Usamos o recurso técnico de pedir que outras participantes fizessem o papel da protagonista e tentassem livremente dar resolução ao conflito. A protagonista escolheu uma das respostas apresentadas. Ela revive a cena reparatória de dizer para o marido com confiança: "Sou digna de ser respeitada e amada. Não admito mais ser humilhada e espancada. Todos vão me respeitar e gostar mais de mim se eu realmente cuidar mais de mim!"

O compartilhar dessa sessão foi intenso, muitas pessoas expressaram a angústia de viver diversos tipos de violência e o desejo de dar novas respostas a esse sofrimento. Nesse trabalho, observamos o aflorar do coinconsciente, por meio de cenas e personagens que trouxeram conteúdos importantes sobre a dinâmica relacional da protagonista e sobre as experiências dos participantes.

Resolvemos oferecer assistência psicológica extra durante as semanas que se seguiriam, até o próximo encontro, se os membros do grupo, e em particular a protagonista daquela sessão, necessitassem. Porém, ao longo daquele mês, ninguém nos procurou. Na sessão seguinte, a protagonista disse que resolveu denunciar o marido na delegacia da mulher logo após um espancamento ocorrido naquele mês. Ela afirmou que ele, pela primeira vez, expressou sua angústia em relação aos conflitos com a esposa e percebeu o quanto era violento e injusto. E nos disse que a maioria de suas expressões foi parecida com o que foi dramatizado na sessão anterior, caracterizando a rica manifestação do fenômeno tele.

Foram oito anos de silêncio na dor da violência doméstica. O que lhe aconteceu? Segundo seu *feedback*, esse grupo de encontro foi importante para que ela aprendesse a se cuidar, a impor limites e para que o medo não mais a impedisse de agir. Trata-se de despertar a espontaneidade--criatividade, novas formas de fazer e de lidar com o conflito, principalmente dentro do resgate da capacidade do oprimido de lutar por sua dignidade (Holloway, 2003).

Outro tema fundamental foi sobre os papéis do homem e da mulher na sociedade atual. Nesse dia, estavam presentes oito mulheres e três homens. A escolha do tema contribuiu para ampliar o autoconhecimento e a consciência das questões sociais que o envolvem. Observamos as transformações na família patriarcal e na sexualidade expostas por Castells (2002), dentre elas maior autonomia da mulher, dificuldades dos homens em relação aos cuidados domésticos, maior inserção da mulher no mercado de trabalho, competições em termos de realização profissional ou financeira, liberalidade sexual. Essas transformações geram inadaptações masculinas e femininas e distúrbios nas relações de gênero.

No sociodrama, dividimos o grupo em subgrupos e pedimos que produzissem imagens ou cenas sobre relações entre homens e mulheres. O primeiro subgrupo fez a imagem de homens e mulheres de costas uns para os outros e tentando dar as mãos, e o outro subgrupo dramatizou uma cena em que, num ambiente de trabalho, a mulher, que era a chefe, negou o pedido de um funcionário para sair mais cedo para buscar o filho na escola. Alguns mitos e estereótipos surgiram na realidade suplementar – dentre eles "Mulheres não conseguem aceitar homens que ganham menos ou não trabalham"; "Mulheres não têm o mínimo interesse para compreender o mundo masculino"; "Mulheres continuam achando que homens têm de ser fortes, não expressar emoções"; "Homens sempre desconsideram a emocionalidade feminina"; "Homens não acreditam na capacidade de gerenciar ou de competir das mulheres".

Fizemos a inversão de papéis entre os gêneros e, surpreendentemente, os homens no papel das mulheres expressaram, por exemplo: "Talvez, nós mulheres no fundo continuemos cobrando dos homens a força para nos protegerem e isso fica polarizado e tenso"; "Pode ser que haja muito medo de perdermos a feminilidade"; "Pode ser que haja medo de estarmos tomando espaço deles também no mercado de trabalho".

As mulheres, no papel de homens, disseram: "Tendemos a não nos responsabilizar pelos danos que causamos nessas relações de gênero"; "Nós tentamos fazer o melhor, mas vocês nos ensinam a esconder nossas emoções quando crianças"; "Não é fácil competir sempre, ter performance sexual sempre e ter de vencer sempre!"

No compartilhar, o grupo expressou ideias como: nos dias atuais, as relações de gênero ampliam os exercícios de poder presentes no âmbito psicológico para o âmbito socioeconômico; estigmas e condutas conservadas histórica e socialmente bloqueiam a criatividade nas interações; as relações de gênero também são influenciadas pelas relações entre as pessoas do mesmo sexo, e as identidades de gênero estão prejudicadas na sociedade do consumo e do individualismo, necessitando do resgate do feminino e do masculino, pertinentes a ambos os sexos. O trabalho explicitou tramas ocultas pessoais e sociais e favoreceu um diálogo construtor quanto às relações de gênero.

As identificações que ocorreram nessa intervenção comunitária, os questionamentos, as novas visões de conflitos e o repensar de valores trazidos pelos participantes fizeram parte das trocas intersubjetivas que impulsionaram mudanças atitudinais. Constatamos a força terapêutica do grupo, por exemplo, nos seguintes comentários: "Aqui percebi que não sofro sozinha"; "Vejo que não sou só eu que passo por isso"; "Hoje sei que minha dor é parecida com a de muitos"; "A partir do que fulano disse, nunca havia pensado o quanto faço acontecer o que mais temo"; "Agora, não me sinto tão diferente"; "Não havia pensado nesse assunto por esse ângulo!"

Outro exemplo da força terapêutica grupal está no relato de Vanda, de 55 anos, pedagoga:

> Quando criança, em sala de aula, me perguntaram: "O que você quer ser quando crescer?" Respondi, tão inocentemente, que queria ser pedreira, como meu pai. Todos riram de mim, nada entendi, mas fiquei triste... Passaram-se os anos e, apegada aos estudos, descobri a arte de ensinar, tão valorizada por meus pais. Hoje, aqui no grupo, depois que Isabel disse que se arrependeu de ter se casado porque todos lhe diziam que era a melhor escolha, pergunto até que ponto sou eu quem faço minhas escolhas? Ou elas simplesmente surgem das expectativas dos outros?

Com base nessa fala, todos expressaram como percebiam a influência dos outros em suas decisões, em sua vida e sobre o que é ser "eu mesmo/eu mesma". Foi um dia rico de análise de que nossa existência só acontece porque é coexistência. Observamos nesse dia que a base da conduta de Vanda e de todos nós era a afetividade (necessidades, desejos). Todos buscamos a carga afetiva do amor do outro (alimentos socioemocionais) para sobreviver como ser humano. Desde a infância, aprendemos a sobreviver psicologicamente buscando alguma forma de reconhecimento, carinho, proteção ou tentando evitar a rejeição. Esse processo nos deixa marcas afetivas que passam a constituir nossos papéis fornecendo-lhes um colorido próprio. Essas marcas integram nosso comportamento, nossas emoções e cognição, formando as lógicas afetivas de conduta (Nery, 2003). Um exemplo de lógicas afetivas de conduta que Vanda nos explicitou foi: "Sempre tive que mostrar inteligência para me elogiarem" e "Nunca briguei com amiguinhos, para não ser rejeitada".

Quando os participantes viviam no palco dramático suas lógicas afetivas de conduta e as expressavam, davam oportunidade para os outros terem consciência das suas. Isso demonstra que o Grupo de Encontro confirmou Moreno (1974), quando diz que os participantes do grupo se tornam agentes terapêuticos uns dos outros. O terapeuta tem o papel assegurado do especialista que oferece ajuda, mas não é seu privilégio ter a exclusividade da "capacidade terapêutica". Por isso, o pensar e o fazer clínico comunitários envolvem diversos saberes, o saber dos membros e a valorização do senso comum com uma troca multidisciplinar, conforme propõe Spink (2003).

Também foi importante trabalhar os entraves à cocriação. Por exemplo, em um momento do grupo terapêutico temático, observei que eu (terapeuta) e os participantes, em nossos devidos papéis sociais pertencentes à sociedade externa, nos contrapusemos a uma matriz sociométrica que era composta da seguinte forma: eu exercia papéis latentes de "amiga", "complacente", "mãe" e os participantes exerciam os papéis latentes de "rebeldes", "displicentes", "desligados". Essa contraposição de papéis sociais (realidade externa) e papéis latentes (matriz sociométrica) resultou numa realidade social, que trouxe uma dinâmica grupal específica: desmotivação, desentendimentos, bloqueios, dificuldades em cumprir a tarefa por parte dos participantes e sensação de incompetência de minha parte.

Nesse caso, a dinâmica grupal, que é a manifestação dos estados coconscientes e coinconscientes, estava prejudicial para a cocriação. Precisei modificar as minhas atitudes: tornei-me mais presente e intuitiva em relação aos participantes, deixei as propostas mais objetivas, convidei o grupo para a participação e aqueci os membros para exporem seus temas emergentes. Os participantes passaram a atuar de maneira mais interessada, e a dinâmica grupal se tornou cooperativa. Foi uma retomada dos papéis de diretora e de participantes de grupo terapêutico, que estavam perturbados por processos coinconscientes.

Os aspectos positivos e os limites da intervenção

Os aspectos positivos da intervenção no Grupo de Encontro Terapêutico Temático estão na aprendizagem grupal de suportar frustrações, de romper estereotipias, de avaliar, de compartilhar e aceitar diferenças. Mas, além disso, o fazer clínico-comunitário promove, por exemplo, um típico processo "especular" dos membros, pois eles se veem "refletidos" uns nos outros; a experiência da revivência da "identidade total", ao se sentirem igual ao outro; as identificações resultantes da diferenciação eu/outro, com a constante aprendizagem do respeito mútuo; a ampliação do autoconhecimento e da realidade do outro; o desenvolvimento da capacidade empática; o desenvolvimento da consciência crítica social e da politicidade; a melhoria comunicacional; o encontro de respostas libertadoras em relação aos conflitos.

Um dos limites da intervenção é a necessidade de treino em socioterapia e de autoconhecimento do coordenador de grupo. Afonso (2003) apregoa a consistência teórica e técnica e o treinamento dos coordenadores, para que os grupos socioeducacional-terapêuticos não se restrinjam aos "abracinhos" e "reflexõezinhas" sobre temas. Uma prática séria e ética implica a complexidade da criação do vínculo terapêutico, a compreensão dos processos comunicacionais e o manejo de conflitos que contribuam para o desenvolvimento dos indivíduos e dos grupos. Outro risco é cuidar apenas da doença e não fazer uma psicologia clínica crítica que cuida do ser humano e de sua vida na sociedade.

Ainda, se formos realizar uma pesquisa-intervenção com grupos, a atenção aos vieses do pesquisador é imprescindível. Denzin e Lincoln (1994) nos apontam problemas éticos na intervenção da psicologia clínico-comunitária e na pesquisa qualitativa. Há questões relativas ao consentimento, à manipulação dos dados, à interferência da subjetividade do pesquisador nos processos de construção do conhecimento, aos danos causados aos pesquisados e à exposição da privacidade. Tudo isso traz prejuízos aos envolvidos com a ciência e à sociedade. Portanto, a dimensão política dita a validade do estudo tanto científica quanto existencialmente. Um trabalho socioterapêutico tem as dimensões pedagógica e terapêutica. A complexidade desse trabalho dificulta a definição do que seja intervenção "clínica" na comunidade. Particularmente, o psicólogo clínico tem estudos e treinamentos relacionados ao tratamento psicológico. Seu olhar é voltado para a manifestação da subjetividade e sua prática visa à explicitação dos fenômenos intersubjetivos. Segundo Figueiredo (1996, p. 129), "clinicar é... inclinar-se diante de, dispor-se a aprender-com, mesmo que a meta, a médio prazo, seja aprender-sobre". Há, pois, um escutar específico que favorece a expressão do outro em seu sofrimento.

Um grupo terapêutico comunitário traz especificidades à prática clínica, pois promove a partilha de significados de vivências socioculturais, ressignifica e recria conservas culturais, busca a flexibilização das identidades e o redimensionamento dos papéis sociais dos indivíduos. A proposta da psicologia comunitária é o desabrochar da solidariedade que encaminha os sujeitos para a autonomia. O psicólogo clínico faz uma leitura do intercâmbio indivíduo-coletividade-sociedade e se torna um "trabalhador social" que problematiza a realidade e opta pela mudança social (Freire, 1976).

No Grupo de Encontro Terapêutico Temático, as dimensões éticas e políticas foram tratadas abertamente pelos participantes, quando lhes explicitamos nosso enquadre, a necessidade do sigilo, o respeito aos valores dos indivíduos, às emoções e às diferenças, e quando apregoamos o treino do diálogo construtivo. Foi uma tentativa de experiência para a expressão dos que necessitam ter voz, dentre eles os oprimidos e as minorias sociais. Conseguimos ampliar a tarefa do consultório lacrado para um consultório no mundo, interconectando a sociedade (aspectos identitários e culturais) à história vivida por nós e nossos pacientes.

12. Da inserção do diretor no grupo

São importantes os estudos sobre a inserção de um membro, ou de subgrupos, em um grupo. Mas pouco refletimos sobre o acolhimento do diretor (socioterapeuta) por parte dos participantes de um método sociátrico, principalmente no momento de estabelecer o vínculo terapêutico. A angústia vivida pelo diretor de psicodrama, ao iniciar seu trabalho em uma instituição ou na comunidade, influencia a angústia do grupo ou é reflexo dela. Então, inserir e ser inserido, acolher e ser acolhido e finalmente pertencer ao grupo é uma via de mão dupla, construída por todos que participam do processo sociátrico (Nery, 2003; Ramos, 2008; Contro, 2004).

Selecionamos alguns fatores que podem intervir na inserção do diretor no grupo, tais como: 1) criação de um "imaginário" do contratante em relação ao diretor e ao trabalho a ser realizado; 2) conhecimento da sociodinâmica do grupo e conquista da predisposição grupal para o trabalho a ser realizado; 3) desenvolvimento da empatia mútua diretor--grupo e criação de um clima afetivo favorável à produção conjunta; 4) manejo dos conteúdos cotransferenciais impeditivos da cocriação; 5) capacidade do diretor de conjugar as técnicas terapêuticas com as demandas do grupo, por meio de suas hipóteses.

Adiante, explicitaremos cada um desses fatores.

1— Criação de um "imaginário" do contratante em relação ao diretor e ao trabalho a ser realizado

Quando um diretor não é conhecido ou é pouco conhecido pelo grupo, precisa nele se inserir, conhecer sua cultura e linguagem e a elas se adaptar, compreender seus temores, sofrimentos e necessidades. Fatalmente, essa inserção exige do diretor mais exposição e destaque, pois os membros do grupo perguntam entre si: "Afinal, quem ele é? A que veio? Como o trabalho será realizado? O que fará com nossa exposição?" É o momento da diferenciação horizontal, em que há necessidade de se aquecer para a nova proposta interacional. Os participantes aguardam os fatos, antes de se apresentarem, e esperam ser aceitos e respeitados por aquele estranho no ninho que, audaciosa e corajosamente, veio (re)conhecê-los e trabalhar seus problemas. Trata-se, pois, de um aquecimento inicial que implica a conquista do território emocional do grupo, com o objetivo de, a partir daí, convidá-lo para a aventura sociátrica.

O clima afetivo de acolhimento do socioterapeuta pode ser favorecido quando, por exemplo, a diretoria da instituição ou o líder comunitário faz uma propaganda positiva da intervenção ou do diretor, pré-aquecendo o grupo. Outro favorecimento é quando o grupo conhece e louva o trabalho do diretor e o contrata; e ainda quando o grupo tem consciência de seus conflitos, aceita suas demandas terapêuticas e está continente à recepção de alguém que possa ajudá-lo. Quando o campo sociométrico é favorável ao diretor, sua inserção no grupo é rápida. O contato inicial, quinze minutos em média, abordando expectativas em relação à intervenção, retira as ansiedades restantes. A partir daí, o grupo se torna acessível para se fazer conhecer, apresentar suas necessidades e construir com o diretor as propostas de trabalho.

Se a atmosfera afetiva e a dinâmica grupal são desfavoráveis ao diretor, apresentando, por exemplo, resistências, temores, bloqueios, boicotes ou inveja, o diretor se lança à arte de sua inserção. Essa arte se compõe da apropriação dos fatores que se seguem.

2 – Conhecimento da sociodinâmica do grupo e conquista da predisposição grupal para o trabalho a ser realizado

É perceptível que um grupo, ao se apresentar resistente nos primeiros minutos de interação, gere um clima afetivo tenso, desafiador, hostil e carregado de preconceitos. Alguns sinais comportamentais são: as conversas paralelas iniciam ou aumentam; após as propostas de interação ou de ação do diretor, as pessoas permanecem quietas e sentadas; quando se expõem é para dificultar a geração da empatia diretor-grupo. Então, podemos ouvir, num contexto profissional ou educacional: "Por que você veio?", "Estamos cansados desses trabalhos em grupo!", "Queremos fazer nossas tarefas e ir embora!", "Não quero me comprometer com este grupo!", "Estou cansado", "Não tive aumento e mais essa de ficar aqui!", "Nada do que você traz é novidade!", "Sempre a mesma coisa e nada se resolve!", "Não gosto de me expor", "Queria estar em casa!", "Já faço o meu dever, sou bom profissional!", "Isso não muda diretoria nenhuma e nós sempre sofremos o pior!" Ou num contexto jurídico ou comunitário: "Para que serve este trabalho?", "Não acredito em psicologia", "Não quero intromissão no meu jeito de educar meus filhos!", "Sempre faço o melhor por minha família!", "Sou agressivo porque me agridem!", "Estou bem assim, não quero mudar nada!"

Nesse caso, nos tornamos o protagonista do sociodrama, sem termos tal intenção (muito pelo contrário!). Originamos um conflito grupal *in loco*. E, assim, o drama se manifesta: o grupo não deseja uma intervenção ou não nos escolhe para o trabalho, apesar de tentarmos o vínculo terapêutico. Não há projeto dramático comum e, então, precisamos descobrir novas maneiras de sermos aceitos e investigar até que ponto não há demanda em relação ao nosso trabalho ou a ele há resistência.

Uma vez imersos no conflito ou dele causadores, mais árduo resolvê-lo ou tentar solucioná-lo. É o que ocorre quando somos contratados para um trabalho, mas, contraditoriamente, a clientela não o deseja. Ou quando desejamos oferecer uma intervenção terapêutica e a clientela não a aceita, por não se identificar com a proposta ou não conectar sua demanda.

Em geral, há desconhecimento mútuo, não sabemos quem é nossa clientela e ela não nos conhece. Esse desconhecimento gera angústia, mal-estar e sentimento de ameaça à estrutura pessoal e grupal. Tanto diretor quanto grupo reagem dentro de suas condutas conservadas, para se protegerem da ansiedade em relação ao novo, à rejeição ou à mudança.

Como diretores, precisamos, primeiro, não temer o conflito, inclusive esse que causamos. Logo em seguida, precisamos resgatar nosso papel profissional para evitar que nossa insegurança ou impotência predomine. Tentar um distanciamento psicológico da situação, para uma leitura do que ocorre, é importante, pois é muito próxima a sensação de afogamento nesse clima afetivo grupal de hostilidade ou de desafio. E, por fim, conhecer a sociodinâmica e respeitá--la. A partir daí, entramos na explicitação de outros fatores presentes na inserção do diretor no grupo.

3 – Desenvolvimento da empatia mútua diretor-grupo e criação de um clima afetivo favorável à produção conjunta

Uma das funções do diretor, principalmente quando o clima está desfavorável à intervenção terapêutica, é tornar--se o agente reordenador das emoções vigentes no grupo. Essa função é favorecida quando ele próprio retoma a razão e a objetividade e procura fazer uma leitura mais apurada da sociodinâmica. Esse movimento ajuda o grupo a integrar a emotividade com a razão que estava bloqueada.

Há momentos em que o diretor se sente só, sem o papel complementar, ou seja, percebe-se sem o cliente (grupo ou indivíduo) que tem a demanda, embora esteja diante dele. Sente-se só no vínculo e experimentando um porvir indefinido e ameaçador. O diretor tenta despertar a demanda, respeitando uma provável inexistência dela, o não momento para trabalhá-la ou a dificuldade de pedir ajuda. Porém, tenta quebrar as resistências e convidar o grupo ao trabalho. Trata-se de resgatar o papel do cliente e ajudá-lo a pedir ajuda.

Essa tarefa tem grandes chances de não ser bem-sucedida, principalmente quando o trabalho contratado não brota da demanda grupal, mas lhe é de alguma forma sugerido ou imposto (como ocorre, por exemplo, nos procedimentos jurídicos). A não vinculação terapêutica pode acontecer por vários motivos – inclusive pelo fato de o grupo apenas não querer o trabalho sociátrico – e, muitas vezes, nos sentimos fracassados por isso. No entanto, é preciso respeitar o movimento grupal e confiar que o trabalho foi feito até o limite.

Na formação do vínculo terapêutico, a sutileza dos estados coconsciente e coinconsciente nos remete para nossa sensibilidade, compaixão, para o uso de técnicas de interpolação de resistência e de recursos que possam favorecê-lo. Várias intervenções precisarão ser testadas para que o grupo aceite o trabalho ou para que, dentro do seu limite, a experiência resulte num aprendizado mútuo.

Muitas vezes, ao expressar frustração pelo encontro não realizado, o diretor corre o risco de fazer interpretações que atacam o grupo. Algumas interpretações agressivas podem ser: "Vocês estão hostis, porque não querem encarar seus problemas!", "Vocês têm medo de resolver suas crises", "Vocês não querem compromisso, não querem evoluir!" Outro risco é transmitir conteúdos (não necessariamente de forma explícita e consciente) que bloqueiam a cocriação, dentre eles enxergar o grupo como o culpado de sua impotência em ajudá-lo: "Vocês são muito resistentes, difíceis, chatos, donos da razão!"; entristecer-se diante das desqualificações: "Que pena que vocês não acreditam no meu trabalho!"; ou sentir-se inseguro: "Acho que não adianta eu fazer nada, mesmo!" Essas atitudes e comportamentos acirram a hostilidade grupal.

Outras vezes, ao contrário, o diretor reprime a agressividade e se sente impotente, culpado, inútil e incompetente. Essa postura pode reforçar a descrença do grupo em relação ao diretor.

Tais reações refletem a história, o momento e a dinâmica grupal em sua sociopatologia. É a cotransferência atuando: tanto o diretor quanto o grupo se reforçam em conteúdos que bloqueiam a manifestação da espontaneidade-criatividade. Assim, não conseguem dar um salto para os vínculos latentes favorecedores das forças terapêuticas grupais. É como se conteúdos conscientes e inconscientes do diretor ("Não darei conta desse grupo", "Sou inútil aqui!", "Não me aceitam!", "Estou perdido!") fizessem aliança com os conteúdos conscientes e inconscientes do grupo ("Temos medo de enfrentar nossas crises!", "Não temos problemas!", "Você não conseguirá nos ajudar"). As alianças desses conteúdos formam o coconsciente e o coinconsciente que geram a sociodinâmica desfavorável à produtividade e práticas de poder que perturbam a evolução grupal. Então, é preciso tentar novos caminhos para a cocriação.

4 – Manejo dos conteúdos cotransferenciais impeditivos da cocriação

O que fazer? Retornar à objetividade ou evitar submergir totalmente na sociopatologia depende de um treinamento e da capacidade do diretor de resgatar sua própria força terapêutica e encontrar no grupo os agentes terapêuticos. O diretor precisa se perguntar constantemente: "O que o grupo quer me dizer?"; "Há hostilidade? Como evitar aumentá-la?"; "Há desinteresse? Como conquistar algum interesse?"

Ilustramos com um grupo de professores de uma escola infantil que conversava muito e me impedia de iniciar o trabalho. Perguntei-lhes o que estava havendo. Eles responderam que estavam insatisfeitos com a imposição da diretoria de fazerem o trabalho de formação de equipe. Eles expressaram um rol de críticas severas à escola. Pedi permissão para ficar no lugar deles e continuar as queixas. Onde eu estava, coloquei um objeto me simbolizando. Eles estranharam, mas permitiram. Tentei intuir mais conteúdos que estavam engasgados e expressei, sem temor. O grupo aceitou os duplos.

Saí do papel deles e mantive o objeto que me simbolizava. Pedi que um professor olhasse de fora aquela cena, eu na minha cadeira e o grupo agressivo. Pedi-lhe solilóquios. Ele disse que era uma situação difícil para todos e que da parte dele ele poderia tentar aproveitar os encontros. Disse: "Outra pessoa gostaria de vir aqui?" Dois professores vieram, um disse que era para eu ficar tranquila, pois não tinha culpa de nada do que estava acontecendo, e o outro disse que o pessoal estava estressado. A partir daí, voltamos para nossos lugares e perguntei se poderíamos programar nossos encontros. Eles construíram comigo a programação e se dispuseram a resolver seus conflitos.

E, ainda, um grupo de funcionários de um colégio pediu para fazermos atividades relaxantes. Um tempo depois, perguntei se gostariam de trabalhar alguma dificuldade naquele encontro. Eles continuaram sem queixas e pedindo atividades lúdicas de interação. Então, propus o jogo dramático "grupo-subgrupo". Nesse jogo, o grupo se subdivide por meio de critérios selecionados por eles, e os subgrupos transmitem mensagens uns aos outros. Em um momento, pediram a subdivisão entre os que tinham mais e os que tinham menos de cinco anos de trabalho. Ao passar uma mensagem, o subgrupo dos novatos começou a se queixar de que não recebia tarefas mais desafiadoras e achava que os antigos não confiavam neles. Perguntei se o grupo queria aprofundar esse assunto, eles aceitaram.

Esse trabalho se intensificou, demonstrando graves conflitos relacionados ao medo de perder funções e privilégios. A inserção no grupo obrigou-me a descartar meu planejamento de intervenção (para meu desespero de diretora iniciante) e seguir os pedidos do grupo, até o surgimento natural do drama.

Num grupo de seguranças de um tribunal, senti a necessidade de ter uma postura mais assertiva. Explicitei as desvantagens de os membros permanecerem no trabalho terapêutico sem aproveitamento, e levei-os a refletir sobre os ganhos e as perdas em manter as lamúrias. Disse-lhes: "Fui convidada para realizar um trabalho devido a sérios problemas de relacionamento no grupo. Vocês podem escolher aproveitar este tempo e buscar soluções ou algum benefício para cada um e para o grupo ou podem escolher manter as queixas *ad eternum*. Meu papel é ajudar a encontrar soluções e, então, torço para que vocês escolham um trabalho sério. É preciso que todos nos responsabilizemos por este encontro!"

A partir daí, o grupo disse que estava disposto a tentar encontrar novas maneiras de tornar o ambiente de trabalho menos tenso. Percebi que o coinconsciente desse grupo me exigia postura racional e firme, pois eles tinham a dinâmica de precisar de chefias rígidas para o controle do desempenho profissional. A tentativa de vinculação com doçura, inicialmente, dificultou a mobilização do grupo.

E já ocorreu o oposto: intui que um grupo de funcionários de uma empresa, aparentemente desanimado, exigia de mim uma postura mais afetuosa. Expressei: "É doído enfrentar os conflitos, mas só enfrentando é que nos libertamos deles! Estou aqui para ajudá-los, vocês aceitam, hoje, esta ajuda?" E esse convite foi suficiente para que participassem ativamente das atividades propostas.

Então, no contato inicial, deixar fluir os fenômenos grupais, conhecer a história e cultura do grupo, tentar seguir os pedidos imediatos, expressar-se na mesma linguagem, fazer a leitura da sociodinâmica (estados coconscientes e coinconscientes, papéis sociais e latentes, sociometria do grupo, projetos dramáticos etc.) e conjugá-la com as técnicas terapêuticas nos ajudam a promover aquecimentos do grupo favorecedores da cocriação. É aconselhável, por exemplo, não dramatizarmos nos primeiros momentos (ou até no primeiro encontro) com pessoas que nunca participaram de métodos de ação, são racionais, formais e "enternadas". Em geral, elas esperam uma palestra com PowerPoint bem preparado e, no máximo, fazer uma pergunta ao final. Então, é preciso que sigamos a sociodinâmica para criarmos os vínculos e, a partir daí, conciliarmos nossa forma de atuar com a do grupo.

Porém, os métodos de ação nos dão oportunidades para inovações, ainda que no primeiro encontro. Por exemplo, já realizei um teatro de reprise conjugado com um sociodrama inesperado, na tentativa de trabalhar minha inserção num grupo de servidores públicos. Peguei algumas cadeiras e disse: "Esta cadeira me representa e estas três outras representam o grupo". Aproximei-me da cadeira que me representava e disse: "O que estou pensando agora é que quero trabalhar, mas há algo que está impedindo o encontro!" Depois, fiquei próxima às cadeiras representativas do grupo e expressei (técnica da inversão de papéis): "Que saco! Quero ir para casa!", "Sem os chefes, nada pode ser feito!". E, assim, me voltei para a plateia e disse: "Como podemos resolver esta cena?" A plateia deu *scripts* para o lado do diretor e para o lado do grupo. Representei os personagens, recriando-os. Eles concordaram com a nova cena. Percebi que podia pedir para pessoas me ajudarem na vivência da cena. Vieram três pessoas. Após a dramatização, a plateia conversou com os personagens e juntos fizemos as propostas para os próximos encontros.

Em raras ocasiões, diante do clima hostil em relação à intervenção terapêutica, senti a necessidade de expor meus sentimentos – não para confrontar o grupo, mas para me contrapor à agressividade grupal e avançar na reflexão da sociodinâmica: "Sinto-me frustrada, pois parece que meu trabalho está inócuo. Isso acontece com vocês no dia a dia de seus trabalhos? Se acontece, o que vocês fazem?", "No meio do desinteresse de vocês, sinto-me desconfortável. O que pode ajudá-los a se motivarem para esse trabalho?", "Sinto um mal-estar, pois percebo o grupo pouco mobilizado. Vamos mudar nossa linha de trabalho para que ele fique mais produtivo? O que sugerem?" Nesses casos, minhas expressões contribuíram para que os grupos refletissem e participassem. Porém, a exposição do diretor deve ser limitada e seguida de convites para novas propostas ou de articulações entre o que está acontecendo e o que ocorre no cotidiano do grupo.

Muitas vezes, nossa simples presença, uma pequena proposta terapêutica ou causarmos mais confrontos são grandes obstáculos para o encontro. É óbvio que não há fórmulas para a conquista da inserção do diretor no grupo, mas há esforços que nos auxiliam nessa tarefa.

O coconsciente e o coinconsciente podem estar tão impregnados de conteúdos transferenciais e cotransferenciais impeditivos da cocriação que causam grave sofrimento grupal. O diretor e o grupo não conseguem sair do boicote em grande parte inconsciente ao trabalho terapêutico e o mantêm superficial. Apesar de recorrer a várias técnicas e recursos, muitos conteúdos de sua história de vida não conseguem liberar a sua espontaneidade-criatividade. Deparamos com um processo sociopatológico que se compõe de vários fatores, dentre eles a não legitimação do poder do diretor, o fortalecimento da resistência ao contato com a demanda, a manutenção da sociodinâmica resultante de alianças com os aspectos internalizados dos vínculos conflituosos entre os membros do grupo, as práticas de poder destrutivas vigentes no grupo, a dificuldade em aceitar a ajuda e a incapacidade do diretor de ajudar ou de ser continente às resistências do grupo. Todos lutam, naquele momento, para manter os benefícios da sociodinâmica e suas conservas e boicotar as tentativas do diretor para a realização do trabalho. Nesse sentido, deparamos com os limites da intervenção terapêutica e com eles desenvolvemos nossa habilidade de inserção nos grupos.

5 – *Capacidade do diretor de conjugar, por meio de suas hipóteses, as técnicas terapêuticas com as demandas do grupo*

Acreditamos que o treinamento do diretor, nos métodos sociátricos, deve ir além do tecnicismo. Sensibilidade, intuição, capacidade empática e inteligência emocional não se adquirem lendo ou praticando técnicas sociátricas. Exigem autoconhecimento e competência interpessoal, que muitas vezes dependem de psicoterapia. A personalidade do diretor é um dos caminhos para a atualização das forças terapêuticas grupais e a produção do clima afetivo do encontro e de confrontos construtivos (Moreno, 1983).

Um bom treinamento e o desenvolvimento da sensibilidade contribuem para a elaboração de hipóteses que ajudam no manejo dos processos cotransferenciais, identitários e das dinâmicas de poder no grupo. O acolhimento do diretor e do seu trabalho terapêutico por parte do grupo é uma vivência sociométrica na qual o diretor é escolhido para realizar os seguintes projetos dramáticos: pertencer ao grupo, conhecer o grupo e seus segredos, viver seus dramas e, finalmente, trabalhá-los terapeuticamente. O grupo permitirá a realização desses projetos dramáticos e, no percurso cotransferencial, diretor e membros continuarão esses e outros projetos dramáticos no sentido da evolução grupal.

Durante uma sessão sociátrica, vivemos um vazio fértil que nos faz meditar (em parte inconscientemente) sobre todos os fenômenos grupais, conflitos, conceitos teóricos e escolher as técnicas para a cocriação. Na tentativa de demonstrar o que passa em nossa mente na sessão, propomos o quadro teórico e de intervenção a seguir (p. 232-3). Esse quadro passa em nossa mente de diretor sem, contudo, invadi-la, para que sejamos incluídos no grupo e com ele criemos. Ele nos acompanha para que sigamos a sociodinâmica, o tempo do trabalho e o *timing* do grupo.

Muitas vezes, há risco de não aquecer ou de superaquecer o grupo e de o foco do conflito não ser trabalhado, pois o período do encontro é limitado. É fundamental que nosso treinamento seja voltado para a detecção do fator emocional, atitudinal, relacional ou comportamental que gera o bloqueio da cocriação, para que a intervenção seja produtiva e adequada aos objetivos e ao tempo do encontro.

Outra fatalidade é a fase do compartilhar ser exígua ou não ocorrer, pois se trata de uma etapa primordial para o fortalecimento do aprendizado psicodramático que ocorreu. Muitas vezes, é preciso adaptar a etapa da dramatização, com recursos técnicos que agilizem o seu fechamento de tal forma que se valorize o compartilhar. O quadro 1 e os itens que selecionamos no capítulo 9 para o processamento teórico também podem nos ajudar a elaborar escritos psicodramáticos. A descrição da nossa prática sociátrica e o seu estudo nos ajudam a aperfeiçoar nossas intervenções e a crescer pessoal e profissionalmente.

Grupos e intervenção em conflitos • 233

Conteúdos teóricos	Tipos de conflitos	Sociatria	Agentes terapêuticos básicos
1 – Sociodinâmica: papéis sociais e latentes; fases grupais.	1 – Intrapsíquicos 2 – Interacionais 3 – Grupais 4 – Intergrupais 5 – Nacionais 6 – Internacionais 7 – Classes Obs. 1: Conhecimento do contexto sociocultural da clientela: costumes e valores.	1 – Psicodrama 2 – Sociodrama 3 – Teatro espontâneo 4 – Jogos dramáticos 5 – Vivências terapêuticas 6 – *Role-playing* Obs. 1: Uso de técnicas fundamentais de ação: duplo, solilóquio, espelho, interpolação de resistência e inversão de papéis.	1 – Diretor 2 – Ego-auxiliar 3 – Protagonista 4 – Plateia 5 – Palco Obs. 1: Etapas da Sessão: 1 – Aquecimento 2 – Dramatização 3 – Compartilhar 4 – Processamento teórico (etapa em uso socioeducacional)
2 – Sociometria: distribuição da afetividade; tele (projetos dramáticos, cocriação, cotransferência).			
3 – Processos identitários: matriz de identidade; radicalização e paradoxos; aprendizagem emocional e conservas culturais; lógicas afetivas de condutas.			

Continua

Continuação

Conteúdos teóricos	Tipos de conflitos	Sociatria	Agentes terapêuticos básicos
4 – Dinâmicas de poder: hierarquia, instâncias, dispositivos e contradições.	Obs. 2: Consciência crítica sociológica em relação à clientela e ao trabalho interventivo: ideologias, geração de opressões e desigualdades.	Obs. 2: Elaboração de hipóteses terapêuticas, conforme a categoria do momento.	Obs. 2: Manutenção do aquecimento para a cocriação no contexto grupal e dramático (com continência à produção imaginária).
5 – Hierarquia socionômica: correntes afetivas.		Obs. 3: Desenvolvimento da participação política. Contribuição para o fortalecimento do oprimido. Produção conjunta da cena reparatória.	
6 – Questões epistemológicas: intersubjetividade (cocosciente e coinconsciente); imaginação.			
7 – Desenvolvimento pessoal e social: espontaneidade-criatividade.			

▲ **Quadro I** Síntese dos fenômenos grupais e da intervenção sociátrica

Referências bibliográficas

AFONSO, L. (org.). *Oficinas em dinâmica de grupo na área da saúde*. Belo Horizonte: Edições do Campo Social, 2003.

AGUIAR, M. *O teatro terapêutico*. Campinas: Papirus, 1990.

_____. *Teatro espontâneo e psicodrama*. São Paulo: Ágora, 1998.

ALENCAR, J. A. *Vocabulário latino: filosofia e poesia da linguagem*. Rio de Janeiro: Borsoi, 1961.

ALVES, L. F. "O protagonista e o tema protagônico". In: ALMEIDA, W. C. (org.). *Grupos: a proposta do psicodrama*. São Paulo: Ágora, 1999.

BARBIER R. *A pesquisa-ação*. Tradução Lucie Didio. Brasília: Plano, 2002.

BARRETO, A. *Terapia, cultura e comunidade*. Trabalho apresentado no 2° Congresso Brasileiro de Terapeutas de Família. Belo Horizonte, jul. 1990.

BATESON, G. *Mind and nature*. Nova York: Dutton, 1979.

BÍBLIA SAGRADA. João 1. 26. ed. São Paulo: Ave Maria, 1978.

BLUMER, H. "Race prejudice as a sense of group position". *Pacific Sociological Review*, v. 1, n. 1, p. 3-8, 1958.

BOAL, A. *Teatro do oprimido e outras poéticas políticas*. Rio de Janeiro: Civilização Brasileira, 1977.

BRYDON-MILLER, M. "Participatory action research: psychology and social change". *Journal of Social Issues*, v. 53, n. 4, p. 657-66, 1997.
BUSTOS, D. M. *Perigo... amor à vista! Drama e psicodrama de casais*. São Paulo: Aleph, 1990.
CAPRA, F. *O ponto de mutação*. São Paulo: Cultrix, 1988.
_____. *As conexões ocultas*. São Paulo: Cultrix, 2002.
CARONE, I.; BENTO, M. A. S. (orgs.). *Psicologia social do racismo: estudos sobre a branquitude e branqueamento no Brasil*. Petrópolis: Vozes, 2002.
CARVALHO, J. J.; SEGATO, R. L. "Uma proposta de cotas para estudantes negros na Universidade de Brasília". *Série Antropologia*, n. 314, Universidade de Brasília, Brasília, 2002. Disponível em: <http://www.unb.br/ics/dan/serie_antro.htm>. Acesso em: 14 dez. 2003.
CASTELLS, M. *O poder da identidade*. Tradução Klaus Brandini Gerhardt. São Paulo: Paz e Terra, 2002 [1997]. (A era da informação: economia, sociedade e cultura, v. 2).
CESARINO, A. C. *Psicodrama na rua*. Disponível em: <www.psicodramadacidade.com.br/metodo/cesarino.htm>. Acesso em: 9 out. 2004. (Artigo publicado na *Folha de S.Paulo* em 7 maio 2001, p. A3.)
CIRILLO, S. *El cambio en los contextos no terapeuticos*. Buenos Aires: Paidós, 2000.
CONCEIÇÃO, M. I. G.; SUDBRACK, M. F. O. "Estudo sociométrico de uma instituição alternativa para crianças e adolescentes em situação de rua: construindo uma proposta pedagógica". *Psicologia: Reflexão e Crítica*, v. 17, n. 2, p. 277-86, 2003.
CONCEIÇÃO, M. I. G.; TOMASELLO, F.; PEREIRA, S. E. N. "Oficinas temáticas para adolescentes em medida socioeducativa: construindo um projeto de vida". In: SUDBRACK, M. F. O.; CONCEIÇÃO, M. I. G.; SEIDL, E. M. F.; SILVA, M. T. (orgs.). *Adolescentes e drogas no contexto da justiça*. Brasília: Plano, 2003.

Conferência Mundial de Combate ao Racismo, Discriminação Racial, Xenofobia e Intolerância Correlata [IIICMCRDRXIC], Durban, África do Sul, 2002. Disponível em: <http://www.comitepaz.org.br/Durban_1.htm> e <http://www.scielo.br/pdf/ref/v10n1/11639.pdf>. Acesso em: set. 2004.

Contro, L. *Nos jardins do psicodrama*. Campinas: Alínea, 2004.

Costa, L. F. *E quando acaba em malmequer? Reflexões acerca do grupo multifamiliar e da visita domiciliar como instrumentos da psicologia clínica na comunidade*. Brasília: Universa, 2003.

Costa, L. F.; Penso, M. A.; Almeida, T. M. C. "Intervenções psicossociais a partir da Justiça: garantia de direitos humanos para crianças e adolescentes vítimas de violência sexual". In: Maluschke, G.; Bucher-Maluschke, J. S. N. F.; Hermanns, K. *Direitos humanos e violência*. Fortaleza: Fundação Konrad Adenauer/Universidade de Fortaleza, 2004.

Costa, L. F.; Penso, M. A.; Legnani, V.; Antunes, C. "O grupo multifamiliar com famílias de crianças e adolescentes vítimas de abuso sexual no contexto da crise". In: Costa, L. F.; Almeida, T. M. C. (orgs.). *Violência no cotidiano: do risco à proteção*. Brasília: Universa, 2005.

Cukier, R. *Psicodrama bipessoal*. São Paulo: Ágora, 1993.

_____. *A prática em cena: psicodrama bipessoal – passos para a utilização de uma dramatização bem-sucedida*. Trabalho apresentado no XII Congresso Brasileiro de Psicodrama. Costa do Sauipe, Brasil, nov. 2002.

Datner, Y. *Jogos para educação empresarial*. São Paulo: Ágora, 2006.

Debord, G. *A sociedade do espetáculo*. Rio de Janeiro: Contraponto, 2002.

Demo, P. "Pesquisa qualitativa. Busca de equilíbrio entre forma e conteúdo". *Revista Latino-Americana de Enfermagem*, v. 6, n. 2, p. 89-104, 1998.

_____. *Metodologia do conhecimento científico*. São Paulo: Atlas, 2000.

_____. *Politicidade: razão humana*. Campinas: Papirus, 2002.

_____. *Pobreza da pobreza*. Petrópolis: Vozes, 2003a.

_____. "Focalização de políticas sociais: debate perdido, mais perdido que a 'agenda perdida'". *Serviço Social e Sociedade*, v. 76, p. 93-117, 2003b.

_____. "Educação: coisa pobre para o pobre". *Educação Profissional: Ciência e Tecnologia*, Senac-DF, Brasília, v. 1, n. 2, p. 165-78, 2007.

DENZIN, N. K.; LINCOLN, Y. S. *Handbook of qualitative research*. Thousand Oaks: Sage, 1994.

FESTINGER, L. "A theory of social comparison processes". *Human Relations*, v. 7, n. 2, p. 117-40, 1954.

FIGUEIREDO, L. C. M. *Revisitando as psicologias: da epistemologia à ética das práticas e discursos psicológicos*. 2. ed. São Paulo: Educ; Petrópolis: Vozes, 1996.

FLEURY, H. J.; MARRA, M. M. (orgs.). *Intervenções grupais nas organizações*. São Paulo: Agora, 2005a.

FLEURY, H. J.; MARRA, M. M. (orgs.). *Intervenções grupais na saúde*. São Paulo: Agora, 2005b.

FLEURY, H. J.; MARRA, M. M. (orgs.). *Intervenções grupais nos direitos humanos*. São Paulo: Agora, 2005c.

FLEURY H. J.; MARRA, M. M. (orgs.). *Intervenção grupais na educação*. São Paulo: Ágora, 2005d.

FLEURY, H. J.; MARRA, M. M. (orgs.). *Práticas grupais contemporâneas*. São Paulo: Ágora, 2006.

FONSECA, J. *Psicoterapia da relação: elementos de psicodrama contemporâneo*. São Paulo: Ágora, 2000.

FOUCAULT, M. *Microfísica do poder*. 17. ed. Tradução Roberto Machado. Rio de Janeiro: Graal, 2002 [1979].

FOX, J. *The essential Moreno: writings on psychodrama, group method, and spontaneity*. Nova York: Springer, 1987.

FREIRE, P. *Ação cultural para a liberdade e outros escritos*. Rio de Janeiro: Paz e Terra, 1976.

FRY, P. *A persistência da raça: ensaios antropológicos sobre o Brasil e a África Austral*. Rio de Janeiro: Civilização Brasileira, 2005.

GALINKIN, A. L. "Estigma, território e organização social". *Espaço e Geografia*, UnB, Brasília, v. 6, n. 2, p. 149-76, 2003.

GARDNER, H. *Multiple intelligences*. New York: Basic Books, 1993.

GARRIDO MARTÍN, E. *Psicologia do encontro: J. L. Moreno*. São Paulo: Ágora, 1996.

GEERTZ, C. *A interpretação das culturas*. Tradução Fanny Wrobel. Rio de Janeiro: LTC, 1989 [1973].

GIDDENS, A. *Mundo em descontrole*. 3. ed. tradução Maria Luiza X. de A. Borges. Rio de Janeiro: Record, 2003 [1999].

GOETHE, J. W. *Fausto*. 3. ed. Belo Horizonte: Vila Rica, 1991 [1808].

GOFFMAN, E. *A representação do eu na vida cotidiana*. 8. ed. tradução M. C. S. Raposo. Petrópolis: Vozes, 1985 [1959].

_____. *Estigma: notas sobre a manipulação da identidade deteriorada*. 4. ed. Tradução Márcia B. M. L. Nunes. Rio de Janeiro: Guanabara Koogan, 1988 [1963].

GOMES, J. B. B. *Ação afirmativa e princípio constitucional da igualdade: o direito como instrumento de transformação social*. Rio de Janeiro: Renovar, 2001.

GONÇALVES, C. S. "Epistemologia do psicodrama: uma primeira abordagem". In: AGUIAR, M. (org.). *O psicodramaturgo J. L. Moreno, 1889-1989*. São Paulo: Casa do Psicólogo, 1990.

GRANDESSO, M. A. *Sobre a reconstrução do significado: uma análise epistemológica e hermenêutica da prática clínica*. São Paulo: Casa do Psicólogo, 2000.

GUIMARÃES, A. S. A. *Racismo e anti-racismo no Brasil*. São Paulo: Fundação de Apoio à Universidade de São Paulo, 1999.
_____. *Classes, raça e democracia*. São Paulo: Fundação de Apoio à Universidade de São Paulo, 2002.
HASENBALG, C. *Discriminação e desigualdades raciais no Brasil*. Rio de Janeiro: Graal, 1979.
HENRIQUES, R. *Desigualdade racial no Brasil: evolução das condições de vida na década de 90*. Rio de Janeiro: Instituto de Pesquisa Econômica Aplicada (Ipea), 2001.
HOLLOWAY, J. *Mudar o mundo sem tomar o poder*. Tradução Emir Sader. São Paulo: Viramundo, 2003 [2002].
HORKHEIMER M.; ADORNO. T. W. "Ideologia". In: HORKHEIMER M.; ADORNO. T. W. *Temas básicos da sociologia*. Tradução Álvaro Cabral. São Paulo: Cultrix, 1973 [1956].
KELLERMAN, P. F. "Sociodrama". *Revista Brasileira de Psicodrama*, v. 6, n. 2, p. 51- 68, 1998.
KESSELMAN, S. e KESSELMAN, H. *Corpodrama: cuerpo e escena*. Buenos Aires: Lumen, 2008.
KNOBEL, A. M. "Estratégias de direção grupal". *Revista Brasileira de Psicodrama*, v. 4, n. 1, p. 49-62, 1996.
_____. *Moreno em ato: a construção do psicodrama a partir das práticas*. São Paulo: Ágora, 2004.
LAPASSADE, G. *As microssociologias*. Tradução L. Didio. Revisão técnica R. de A. Córdova. Brasília: Liber Livro, 2005 [1996].
LEVY, L. *Integrando diferenças: possíveis caminhos da vivência terapêutica*. São Paulo: Ágora, 2000.
_____. *Ciências clínicas e organizações sociais*. Tradução Eunice Dutra Galery, Maria Emília A. Torres Lima e Nina de Melo Franco. Belo Horizonte: Autêntica, 2001 [1997].
LEVY, A.; NICOLAI, A., ENRIQUEZ, E.; DUBOST, J. A psicossociologia: crise ou renovação? In: Machado M. N. da M. et al. (orgs.). *Psicossociologia: análise social e intervenção*. Petrópolis: Vozes, 1994.

LEWIN, K. *Problemas de dinâmica de grupo*. Tradução M. M. Leite. São Paulo: Cultrix, 1978 [1948].

LIBERMAN, A. "Retramatização: a trama individual, a trama grupal e a ação dramática como agente de transformação – uma proposta sociodramática". *Revista Brasileira de Psicodrama*, v. 3, n. 2, p. 25-40, 1995.

LIMA, N. B. S. "O processo de cura no psicodrama bipessoal". *Revista Brasileira de Psicodrama*, v. 7, n. 1, p. 33-49, 1999.

LIMA, N. S. T. "Inclusão e teatro espontâneo, novos regimes de verdade?" *Revista Brasileira de Psicodrama*, v. 2, n . 2, p 11-23, 2002.

MACIEL, C. *Mitodrama: o universo mítico e seu poder de cura*. São Paulo: Ágora, 2000.

MAGGIE, Y. Os novos bacharéis. "A experiência do movimento do pré-vestibular para negros e carentes". *Novos Estudos Cebrap*, v. 59, p. 193-202, 2001.

MARRA, M. M. De *"bombeiro" a multiplicador: abordagem sociodramática à família no contexto do Conselho Tutelar*. 2003. Dissertação (Mestrado em Psicologia) – Universidade Católica de Brasília.

MARRA, M. M.; COSTA, L. F. "A pesquisa-ação e o sociodrama: uma conexão possível?" *Revista Brasileira de Psicodrama*, v. 12, n. 1, p. 99-116, 2004.

MARRA, M. M.; FLEURY, H. J. (orgs.). *Grupos: intervenção socioeducativa e método sociopsicodramático*. São Paulo: Ágora, 2008.

MASCARENHAS, P. "Multiplicação Dramática". *Revista Brasileira de Psicodrama*, v. 4, n. 1, p. 13-22, 1996.

MINICUCCI, A. *Dinâmica de grupo em seleção de pessoal*. São Paulo: Vetor, 1987.

MONTEIRO, A. M. "Pesquisa qualitativa e segmentação cênica: para aquém de uma teoria do obsceno". In: MONTEIRO, A. M. (org.). *Psicodrama e pesquisa qualitativa*. São Paulo: Ágora, 2006.

MONTEIRO, A. M. e CARVALHO, E. R. S. (orgs.). *Sociodrama e sociometria*. São Paulo: Ágora, 2008.

MONTEIRO, R. (org.). *Técnicas fundamentais do psicodrama*. São Paulo: Brasiliense, 1993.

MORENO, J. L. *Fundamentos de la sociometria*. Buenos Aires: Paidós, 1972.

_____. *Psicoterapia de grupo e psicodrama: introdução à teoria e à práxis*. Tradução Antônio C. Mazzaroto Cesarino Filho. São Paulo: Mestre Jou, 1974 [1959].

_____. *Who shall survive? Foundations of sociometry, group psychotherapy and sociodrama*. Nova York: Beacon House, 1978.

_____. *Fundamentos do psicodrama*. Tradução Maria Sílvia Mourão Neto. São Paulo: Summus, 1983 [1959].

_____. *Psicodrama*. Tradução Álvaro Cabral. 3. ed. São Paulo: Cultrix, 1984a.

_____. *O teatro da espontaneidade*. Tradução Maria Sílvia Mourão. São Paulo: Summus, 1984b.

MORENO, J. L.; MORENO Z. T. *Psicodrama: terapia de ação & princípios da prática*. Tradução J. de Souza e M. Werneck. São Paulo: Daimon, 2006 [1975].

MORIN, E. *Os sete saberes necessários à educação do futuro*. 3. ed. Tradução Catarina E. F. da Silva e Jeanne Sawaya. São Paulo: Cortez; Brasília: Unesco, 2000.

_____. *Ciência com consciência*. 6. ed. Tradução Maria D. Alexandre e Maria Alice Sampaio Dória. Rio de Janeiro: Bertrand Brasil, 2002 [1982].

MOSCOVICI, S. *Social influence and social change*. London: Academic Press, 1976.

MOTTA, J. M. C. *Jogos: repetição ou criação? Abordagem psicodramática*. São Paulo: Plexus, 1994.

MUNANGA, K. "O anti-racismo no Brasil". In: MUNANGA, K. (org.). *Estratégias e políticas de combate à discriminação racial*. São Paulo: Edusp, 1996.

NAFFAH NETO, A. *Psicodrama: descolonizando o imaginário*. São Paulo: Plexus, 1997.

NERY, M. P. *Vínculo e afetividade*. São Paulo: Ágora, 2003.
_____. "Epistemologia da socionomia e o psicodramatista pesquisador". *Revista Brasileira de Psicodrama*, v. 15, n. 2, p. 79-92, 2007.
_____. *Afetividade intergrupal, ações afirmativas e sistema de cotas para negros*. 2008. Tese (Doutorado em Psicologia) – Instituto de Psicologia, Universidade de Brasília.
NERY, M. P.; CONCEIÇÃO, M. I. G. "Sociodrama e política de cotas para negros: um método de intervenção psicológica em temas sociais". *Psicologia Ciência e Profissão*, v. 25, n. 1, p. 132-45, 2005.
_____. "Política racial afirmativa e afetividade na interação intergrupal". *Interação em Psicologia*, v. 10, n. 2, p. 363-74, 2006a. Disponível em: <http://calvados.c3sl. ufpr.br/ojs2/index.php/psicologia/article/ view/7695/5487>. Acesso em: 20 maio 2007.
_____. "Sociodrama da inclusão racial: quebrando a inércia". *Revista Brasileira de Psicodrama*, v. 14, n. 1, p. 105-19, 2006b.
_____. "Política racial afirmativa: uma leitura do fenômeno inclusivo na universidade". *Educação Profissional: Ciência e Tecnologia*, v. 1, n. 2, p. 179-90, 2007.
NERY, M. P.; COSTA, L. F. "A pesquisa em psicologia clínica: do indivíduo ao grupo". *Estudos de Psicologia*, PUC, Campinas, v. 25, n. 2, p. 241-50, abr./jun. 2008.
NERY, M. P.; COSTA L. F.; CONCEIÇÃO, M. I. G. "O sociodrama como método de pesquisa qualitativa". *Paideia – Cadernos de Psicologia e Educação*, Ribeirão Preto, v. 16, n. 35, p. 305-14, 2006.
OLIVEIRA, S. K. M. *Afetividade familiar e migração: um estudo sociodramático*. 2008. Tese (Doutorado em Psicologia Clínica e Culturac) – Universidade de Brasília.

PAGÉS, M. *A vida afetiva dos grupos: esboço de uma teoria da relação humana*. Tradução Luzia L. Leite Ribeiro. Petrópolis: Vozes, 1976.

PASSARELLI, C. A. F. "Imagens em diálogo: filmes que marcaram nossas vidas". In: SPINK, M. J. (org.). *Práticas discursivas e produção de sentidos no cotidiano: aproximações teóricas e metodológicas*. 2. ed. São Paulo: Cortez, 2000.

PEARLS, F. S. et al. *Isto é Gestalt*. 4. ed. São Paulo: Summus, 1977.

PENSO, M. A.; GUSMÃO, M. M.; RAMOS, M. E. C. "Oficina de ideias: uma experiência precursora com adolescentes em conflito com a lei pelo envolvimento com drogas". In: SUDBRACK, M. F. O.; CONCEIÇÃO, M. I. G.; SEIDL, E. M. F.; SILVA, M. T. (orgs.). *Adolescentes e drogas no contexto da justiça*. Brasília: Plano, 2003.

PERAZZO, S. *Ainda e sempre psicodrama*. São Paulo: Ágora, 1994.

_____. *Fragmentos de um olhar psicodramático*. São Paulo: Ágora, 1999.

PETTIGREW, T. F. "Intergroup contact theory". *Annual Review of Psychology*, v. 49, p. 65-85, 1998.

PICHON-RIVIÈRE, E. *O processo grupal*. 3. ed. Tradução M. A. F. Velloso. São Paulo: Martins Fontes, 1988.

POLEJACK L. *Convivendo com a diferença: dinâmica relacional de casais sorodiscordantes para Hiv/aids*. 2001. Dissertação (Mestrado em Pscicologia Clínica) – Universidade de Brasília.

_____. *Compartilhando olhares, diálogos e caminhos: adesão ao tratamento antiretroviral e qualidade de vida em pessoas vivendo com HIV/aids em Maputo, Moçambique*. 2007. Tese (Doutorado em Processos de Desenvolvimento Humano e Saúde) – Universidade de Brasília.

POLEJACK, L.; COSTA, L. F. "Aids, psicodrama e conjugalidade: compondo com a diferença". *Revista Brasileira de Psicodrama*, v. 11, n. 1, p. 43-63, 2003.

POLLAK, M. "Memória e identidade social". *Estudos Históricos*, FGV, Rio de Janeiro, v. 5, n. 10, p. 200-12, 1992. Disponível em: <http://www.cpdoc.fgv.br/revista/arq/104.pdf>. Acesso em: jul. 2006.

POPKEWITZ, T. S. *Lutando em defesa da alma: a política do ensino e a construção do professor*. Porto Alegre: Artmed, 2001.

QUEIROZ, D. M. *Universidade e desigualdade: brancos e negros no ensino superior*. Brasília: Liber Livro, 2004.

RAMOS, M. E. C. "O agir interventivo e a pesquisa-ação". In: MARRA, M. M. e FLEURY, H. J. (orgs.). *Grupos: intervenção socioeducativa e método sociopsicodramático*. São Paulo: Ágora, 2008.

REÑONES, A. V. *Do playback theatre ao teatro de criação*. São Paulo: Ágora, 2000.

REIS, F. W. "Mito e valor da democracia racial". In: SANT´ANNA A.; SOUZA, J. (orgs.). *Multiculturalismo e racismo: uma comparação Brasil-Estados Unidos*. Brasília: Paralelo 15, 1997.

REY, F. L. G. *Epistemologia cualitativa y subjetividad*. São Paulo: EDUC, 1997.

_____. *Pesquisa qualitativa em psicologia: caminhos e desafios*. Tradução M. A. F. Silva. São Paulo: Pioneira Thomson Learning, 2002 [1999].

RODRIGUES, R. *O psicodrama e as modalidades brasileiras do teatro espontâneo*. Trabalho apresentado no XV Congresso Brasileiro de Psicodrama, São Paulo, 2006. Disponível em: <http://www.sedes.org.br/Departamentos/Psicodrama/O%20Psicodrama%20e%20modalidades%20Bras%20Teatro%20Espontaneo%20-%20RosaneRodrigues.pdf>. Acesso em: 11 ago. 2008.

ROGERS, C. R. *Grupos de encontro*. 3. ed. Tradução Joaquim L. Proença. São Paulo: Martins Fontes, 1979 [1970].

ROMAÑA, M. A. *Construção coletiva do conhecimento através do psicodrama*. Campinas: Papirus, 1992.
ROSE, D. "Análise de imagens em movimento". In: BAUER, M. W.; GASKELL, G. (eds.), *Pesquisa qualitativa com texto, imagem e som: um manual prático*. Tradução P. Guareschi. Petrópolis: Vozes, 2002 [2000].
SANTOS, B. S. *Um discurso sobre as ciências*. 10. ed. Porto: Afrontamento, 1998.
_____. *Conhecimento prudente para uma vida decente*. Porto: Editora Afrontamento, 2003.
SANTOS, S. A. *Movimentos sociais negros, ações afirmativas e educação*. 2007. Tese (doutorado em Sociologia) – Universidade de Brasília.
SCAFFI, N. "Socionomia na prevenção da aids entre indígenas". *Revista Brasileira de Psicodrama*, v. 10, n. 1, p. 13--31, 2002.
SEIXAS, M. R. D. *Sociodrama familiar sistêmico*. São Paulo: Aleph, 1992.
SHELDRAKE, R. *Sete experimentos que podem mudar o mundo*. São Paulo: Cultrix, 1999.
SPINK, M. J. *Psicologia social e saúde: práticas, saberes e sentidos*. Petrópolis: Vozes, 2003.
SUDBRACK, M. F. O.; CONCEIÇÃO, M. I. G.; SEIDL, E. M. F.; SILVA, M. T. (orgs.). *O adolescente e as drogas no contexto da Justiça*. Brasília. Editora Plano, 2003.
TAJFEL, H.; TURNER, J. C. "The social identity theory of intergroup behavior". In: WORCHEL, S.; AUSTIN, W. G. (orgs.). *Psychology of intergroup relations*. Chicago: Nelson-Hall, 1986.
TAYLOR, D. M.; MOGHADDAM, F. M. *Theories of intergroup relations: internacional social psychological perspectives*. 2. ed. London: Praeger, 1994.
TURNER, J. C. "Explaining the nature of power: a three-process theory". *European Journal of Social Psychology*, v. 35, n. 1, p. 1-22, 2005.

VANEIGEM, R. *A arte de viver para as novas gerações.* São Paulo: Conrad, 2002.
WEEKS, B.; RUBINI, C. "Imaginação e psicodrama". *Jornal Existencial Online,* 2002. (Edição especial). Disponível em: <http://www.existencialismo.org.br/jornalexistencial/rubiniimaginacao.htm>. Acesso em: 20 out. 2007.
WEIL, P. *Relações humanas na família e no trabalho.* Petrópolis: Vozes, 1998.
WEISS, D. *Como resolver ou evitar conflitos no trabalho.* São Paulo. Nobel, 1994.
YOZO, R. Y. *100 jogos para grupos.* São Paulo: Ágora, 1996.
ZAMPIERI, A. M. F. *Sociodrama construtivista da aids.* Campinas: Psy, 1996.

Referências de filmes
Babel (2006), Estados Unidos/México. Direção: Alejandro González Iñárritu. Paramount Pictures.
Caché (2005), França/Áustria/Alemanha/Itália. Direção: Michael Haneke. Califórnia Filmes.
Três enterros (2005), Estados Unidos/França. Direção:Tommy Lee Jones. Califórnia Filmes.